UNE
TRAITE DE PHILIPPE LE BEL

CONTRIBUTION

A L'HISTOIRE DE LA LETTRE DE CHANGE

PAR

Jules VALERY

PROFESSEUR A LA FACULTÉ DE DROIT DE MONTPELLIER
LAURÉAT DE L'INSTITUT

PARIS

ANCIENNE LIBRAIRIE THORIN ET FILS

ALBERT FONTEMOING, ÉDITEUR

Libraire des Écoles Françaises d'Athènes et de Rome
de l'Institut français d'archéologie orientale du Caire
du Collège de France et de l'École Normale Supérieure

4, RUE LE GOFF, 4

—

1909

UNE TRAITE DE PHILIPPE LE BEL

CONTRIBUTION A L'HISTOIRE DE LA LETTRE DE CHANGE

Extrait de la *Revue générale du droit, de la législation et de la jurisprudence.*

TOULOUSE. — IMP. LAGARDE ET SEBILLE, RUE ROMIGUIÈRES, 2.

UNE
TRAITE DE PHILIPPE LE BEL

CONTRIBUTION

A L'HISTOIRE DE LA LETTRE DE CHANGE

PAR

Jules VALERY

PROFESSEUR A LA FACULTÉ DE DROIT DE MONTPELLIER
LAURÉAT DE L'INSTITUT

PARIS

ANCIENNE LIBRAIRIE THORIN ET FILS

ALBERT FONTEMOING, ÉDITEUR

Libraire des Écoles Françaises d'Athènes et de Rome
de l'Institut français d'archéologie orientale du Caire
du Collège de France et de l'École Normale Supérieure

4, RUE LE GOFF, 4

1909

UNE TRAITE DE PHILIPPE LE BEL

CONTRIBUTION A L'HISTOIRE DE LA LETTRE DE CHANGE

Philippus Dei gratia Francorum rex ballivo Caleti vel ejus locum tenenti salutem. Mandamus vobis quatinus Radulpho de Saint Dein decenario aut ejus mandato presentes litteras defferenti undecim libras et decem solidos turonensium in quibus eidem tenemur de residuo tam vadiorum suorum in facto guerre nostre Vasconie anno presenti acquisitionem quam restauri cujusdam equi, absque dilacione quacunque ad instantem mediam quadragesimam de nostro integre persolvatis quam peccunie summam in nostris computis volumus allocari et penes vos presentes litteras remanere. Actum Parisius die lune ante Candelosam anno Domini M°CC° nonagesimo sexto.

    p   helyam

[TRADUCTION]

Philippe, par la grâce de Dieu roi des Français, au bailli de Caux ou à son lieutenant salut.

Nous vous mandons de payer à Rodolphe de Saint-Ouen, ou à son mandataire, porteur des présentes lettres, onze livres et dix sous tournois que nous lui devons à raison du solde tant de ses gages pour la guerre que nous avons faite cette année pour la conquête de la Gascogne que pour le remboursement du prix d'un cheval, somme que vous lui payerez intégralement sans le moindre retard très exactement à la Mi-Carême de nos deniers, voulant que cette somme soit portée sur nos comptes et que les présentes lettres demeurent entre vos mains.

Fait à Paris le lundi avant la Chandeleur de l'an du Seigneur mille deux cent quatre-vingt-seize (le 28 janvier 1297).

    par Hélie

1. — Le document dont on vient de lire le texte et la traduction est rien moins qu'inédit. Il figure dans le Recueil de

fac-similé publié par l'Ecole des chartes, sous le n° 26, et M. Prou l'a reproduit dans son *Manuel de paléographie* (p. 136 de la 2ᵉ édition, Paris, 1892) (1). Ces deux ouvrages le désignent sous le nom de « mandement de Philippe le Bel, » et c'est effectivement un *mandement,* c'est-à-dire un écrit rédigé dans les formes des lettres patentes, commençant par le mot *man-damus,* et adressé à un officier de la couronne pour lui donner des instructions relatives à quelque acte de sa fonction (2). Mais ce mandement présente des particularités dignes d'atten-tion. Qu'on l'analyse et l'on y découvrira tous les éléments nécessaires à l'existence d'une lettre de change : montant de la somme à payer, nettement déterminé; nom du bénéficiaire du titre, accompagné de la clause à ordre; nom de la personne chargée du payement; signature de celle qui donne l'ordre de ce payement; époque et lieu où il doit être effectué; époque et lieu où la lettre a été rédigée; valeur fournie. Il n'y manque donc aucune des mentions dont l'art. 110 du Code de commerce requiert la présence, et une traite créée aujourd'hui même sous cette forme serait absolument régulière au point de vue des exigences de notre droit actuel.

Jusqu'à l'aspect de cette pièce, rédigée, comme tous les mandements, sur une étroite lanière de parchemin affectant la forme d'un rectangle très allongé, rappelle la physionomie des effets de commerce actuels.

2. — En présence de pareilles analogies, une question surgit d'elle-même. Ce mandement de 1297 ne serait-il pas une véri-table lettre de change? Et cette question, si elle était résolue dans le sens de l'affirmative, en susciterait une seconde, plus intéressante encore, celle de savoir comment il a pu se faire que la chancellerie royale ait recouru à un genre d'écrits dont l'usage paraît, au premier abord, devoir rester circons-crit dans le domaine des rapports commerciaux.

Ces deux questions, j'ai cru avoir à me les poser, et la con-clusion à laquelle m'ont amené les recherches où je me suis laissé entraîner pour en découvrir la solution est que la lettre

---

(1) L'original est conservé aux Archives nationales.

(2) Giry, *Manuel de diplomatique,* Paris, 1894, p. 759; Ch.-V. Langlois, *Le règne de Philippe le Hardi,* Paris, 1887, p. 379 à 385.

de change est précisément le fruit des influences réciproques du droit commercial et du droit administratif :

Les besoins du commerce ont fait imaginer un procédé permettant de faire parvenir de l'argent au loin à peu de frais et sans grand péril ;

Les exigences de la comptabilité publique ont engendré, à l'occasion de ces envois d'argent, la création de titres dont les formes rigoureusement déterminées pouvaient inspirer une confiance suffisante pour leur permettre de jouer le rôle d'instruments de crédit.

C'est au développement de cette thèse que les pages qui vont suivre seront consacrées.

I

3. — Selon toute vraisemblance, c'est dans la seconde moitié du treizième siècle que la lettre de change a fait son apparition. Frémery (1), Delamarre et Lepoitvin (2) en avaient eu le pressentiment, et les recherches poursuivies durant ces dernières années sont venues leur donner raison (3).

Elles ont abouti à mettre en lumière les allusions faites par certains jurisconsultes de cette époque à ces lettres, grâce auxquelles il devenait possible soit d'accomplir des payements dans un pays éloigné, soit de s'y procurer de l'argent (4).

(1) *Etudes de droit commercial*, Paris, 1833, p. 88 et s.

(2) *Traité de droit commercial*, Paris, 1861, t. II, p. 8.

(3) Goldschmidt, *Universalgeschichte des Handelsrechts*, Stuttgart, 1891, p. 409 ; Freundt, *Das Wechselrecht der Postglossatoren*, Leipzig, 1899, p. 24 ; Huvelin, dans *Annales de droit commercial*, 1891, p. 4 ; Schaube, *Handelsgeschichte der römanischen Völker des Mittelmeergebiets bis zum Ende der Kreuzzüge*, Munich, 1906, p. 362, 390 ; Wieland, *Cambium und Wechselbrief*, dans le *Festgabe* de A. Heusler, Bâle, 1904, p. 16 ; Scotti, *Archivio giuridico*, t. XXXIII, p. 22.

(4) Ces jurisconsultes sont principalement Roffredus, dont les *Quæstiones Sabbathianæ* remontent aux environs de 1215, Odofredus, qui paraît avoir écrit vers 1245, et surtout Guillaume Durand qui, dans un passage aussi fameux qu'obscur de son *Speculum juris* (titre *De obligatis obligatione generali*, 4, § *Prænotandum*), disserte au sujet d'une lettre écrite par un marchand de Montpellier à un de ses associés demeurant à Bologne afin de procurer de l'argent dans cette ville à un étudiant qui s'y rendait. Il est à noter qu'au siècle suivant, lorsque Jean d'André et Balde commentent ce passage des œuvres du célèbre évêque de Mende, ils emploient déjà l'expression *literæ cambii*

Elles ont eu aussi pour résultat, plus important encore, la publication ou l'étude d'un nombre assez considérable de documents relatifs aux relations financières des diverses parties de la Chrétienté avant que la guerre de Cent ans ne fût venue interrompre l'ère de progrès, longue déjà de plus d'un siècle, au cours de laquelle les rapports internationaux avaient pu se développer, le commerce et l'industrie atteignant en même temps de toute part à un état de prospérité qu'ils n'avaient plus connu depuis la chute de l'empire romain.

4. — C'est ainsi que les *lettres de foire* extraites des archives communales d'Ypres, par M. Des Marez, sont fréquemment relatives à des payements ou à des recouvrements (1).

De même, dans ce recueil, d'un prix inestimable, qui porte le titre de *Documents inédits sur le commerce de Marseille au moyen âge* (2), M. Blancard a inséré un grand nombre de pièces d'une importance capitale pour l'histoire des opérations financières au treizième siècle. Grâce à cet ouvrage, ainsi qu'aux publications dues à l'érudition italienne, Goldschmidt (3), Schaube (4), Huvelin (5), Freundt (6), Pertile (7), ont pu soutenir à leur tour, avec beaucoup plus de fondement que leurs prédécesseurs moins bien documentés, que la lettre de change a dû commencer à être mise en usage au moment où Saint-Louis occupait le trône de France ou, dans tous les cas, bien peu d'années après.

Un fait rend cette conjecture extrêmement vraisemblable : c'est que parmi les documents du quatorzième siècle parvenus

mercatorum, tandis que Pegolotti et Bartolomeo Bosco s'occupent des opérations auxquelles les lettres de change peuvent donner lieu. — Cpr. Goldschmidt, p. 438; Freundt, p. 10, 52, 55; Huvelin, *Ann. dr. com.*, 1898, p. 385 ; Enrico Bensa, dans l'hommage à *Filippo Serafini*, Florence, 1892, p. 338; Lastig, *Z. f. H. R.*, XXIII, p. 170; Schaube, *Z. der Savigny-Stiftung, Germ. Abth.*, XLI, 1893, p. 113, 132; *Z. f. das ges. Handelsrecht*, t. XLI, p. 128; Brugi, *Baldo*, 1900, p. 11 ; Scotti, *La cambiale nei giuristi avanti il 1500* (*Archiv. giur.*, XXXIII, 22).

(1) *Annales de l'Académie royale de Belgique*, t. IX, p. 127, et *Revue de droit international et de législation comparée*, 1899, p. 533. — Cpr. les comptes rendus critiques de Huvelin dans la *N. R. Historique du dr. fr, et étr.*, LXXII, 1901, et dans les *Ann. de dr. com.*, 1901, p. 28, et de Guido Bonolis, *Diritto commerciale*, XX, 1902.

(2) Marseille, 1885.

(3, 4, 5, 6) *Op. citatis.*

(7) *Storia del diritto italiano*, t. IV, p. 696.

jusqu'à nous, certains sont assurément des lettres de change, sans qu'il puisse y avoir la moindre hésitation à cet égard. Telles sont les lettres toscanes en date de 1334 et 1339 dont Goldschmidt (1) et Schaube (2) se sont longuement occupés; telles sont aussi les lettres de change, rédigées en langue provençale, et remontant toutes aux années 1381 et 1382, que M. Félix Portal a publiées (3).

5. — Rien d'extraordinaire dès lors à constater l'existence d'un écrit du même genre à la fin du siècle précédent. Rien de surprenant non plus à ce que des lettres de change aient été souscrites au nom du roi de France, car les rapports des souverains de cette époque avec les hommes de banque et de finance ont été aussi fréquents que nombreux.

A partir du moment où l'on voit apparaître en France les premiers *Lombards*, c'est-à-dire à partir du règne de Philippe-Auguste (4), on constate l'établissement de leurs rapports avec la royauté. Tantôt ils reçoivent en dépôt des sommes d'argent qui leur sont confiées pour les faire valoir ou qu'ils ont été chargés d'encaisser pour le compte du Trésor royal, et c'est ainsi que dans la fameuse faillite de la banque Buonsignori, de Sienne, Philippe le Bel eut à se porter créancier pour une somme de 54.000 livres tournois (5). Tantôt, et bien plus sou-

---

(1) *Op. cit.*, p. 440.

(2) *Zeitschrift der Savigny-Stiftung*, germ. Abth., t. XIV, 1893, p. 122.

(3) Marseille, Ruat, 1901. — Mentionnons aussi la lettre missive adressée, le 20 déc. 1373, par Sans Vaquier, collecteur pontifical de la province d'Auch, au sous-collecteur du diocèse de Comminges, qui, entre autres renseignements très intéressants relatifs aux opérations de change, renferme une allusion à une commission de deux deniers par 12 livres tournois que les changeurs perçoivent *pro expensis litterarum* (Samaran et Mollot, *La fiscalité pontificale en France au XIVe siècle*, Paris, 1905, p. 143 et 242). Voir également la lettre de change en langue espagnole publiée par M. de Mas Latrie, *Mélanges historiques*, t. III, p. 6 (*Documents inédits sur l'histoire de France*, 1880).

(4) Schaube, *Handelsgeschichte der romanischen Völker des Mittelmeersgebiete bis zum ende der Kreuzzüge*, Munich, 1906, p. 338; Schulte, *Geschichte des mittelalterlichen Handels und Verkehrs zwischen Westdeutschland und Italien*, Leipzig, 1900, p. 278; Gauthier, *Les Lombards dans les deux Bourgognes*, Paris, 1907, p. 10.

(5) E. Jordan, *La faillite des Buonsignori* (*Mélanges Paul Fabre*, Paris, 1902, p. 418); Ch.-V. Langlois, *Revue historique*, t. IX, 317. M. Eug. Martin-Chabot, *Archives de la Cour des Comptes, aides et finances de Montpellier*, Paris, 1907, cite (p. 60) des lettres patentes de Philippe le Bel où il est dit : « Notum facimus quod nos Baldum Fini et Nicholaum dictum Compaingne et quemlibet

vent encore, c'est le Trésor qui se fait consentir des avances par les banquiers transalpins (1).

Mais ce n'est pas tout. Nos rois ne se bornaient pas à se faire les clients de ces étrangers. Il leur arrivait aussi, semble-t-il, de les élever à la dignité de conseillers du trône et de leur confier l'administration de leurs finances. En 1291, nous apprend M. Vuitry (2), « le roi (Philippe le Bel) commençait à avoir à son service un Florentin nommé Musciato Guidi de' Franzesi, appelé Mgr Mouche ou Mouchet dans les documents de l'époque et qu'on trouve mêlé, avec son frère Biccio (Biche ou Bichet), à presque tous les actes financiers du commencement du règne. A la suite de négociations qui s'engagèrent entre le capitaine général des Lombards et Mouche Guidi, s'intitulant *Trésorier du Roi*, une convention fut conclue, pour fixer les droits et les obligations des marchands italiens; elle fut sanctionnée par une ordonnance du 7 mars 1295. » Déjà sous le règne précédent, un autre italien, Renier Accorre, ancien chambellan des comtes de Champagne, avait joué ce rôle auprès de Philippe le Hardi (3).

6. — Il est important de constater, d'ailleurs, que d'une ma-

---

eorum in solidum nostros facimus et constituimus procuratores et nuncios speciales ad petendum, exigendum, colligendum et recipiendum per se vel per alios, pro nobis et nostro nomine, et ad faciendum ad manus nostras venire denarium sive denarios, obolos et pictas sive pogiesias, debite nobis solvendas pro contractibus emptionis et venditionis quarumlibet mercium *sive mercatu-rarum et cambii*, sive de qualibet libra precii earumdem in civitate Nemausi et provincia Narbonensi. » (1290.)

(1) Langlois, *Le règne de Philippe III le Hardi*, Paris, 1887, p. 345 et 351; Léopold Delisle, *Les opérations financières des Templiers* (*Mémoires de l'Académie des inscriptions et belles-lettres*, t. XXXIII, 1889, p. 55 et 87); Grünhut, *Wechselrecht*, Leipzig, 1897, t. I, p. 36, note 8; Papa d'Amico, *La letteralità nelle obbligazioni cambiarie e il suo principio storico ed economico*, *Archivio giuridico*, t. XLVIII, 1892, p. 242; Borrelli de Serres, *Recherches sur divers services publics du XIII° au XVII° siècle*, t. II, Paris, 1904, p. 25. Ajoutez ce qui sera dit plus loin.

(2) *Etudes sur le régime financier de la France avant la Révolution de 1789*, t. II, Paris, 1883, p. 104. *Adde* Borrelli de Serres, *op. cit.*, t. I, 1895, p. 346, 362; t. II, p. 11, 31, 56; Jordan, *op. cit.*, p. 424, 425; Boutaric, *La France sous Philippe le Bel*, Paris, 1861, p. 227, et *Documents inédits relatifs à l'Histoire de France sous Philippe le Bel* (*Notices et extraits des manuscrits de la bibliothèque impériale*, t. XX, 1862, p. 126).

(3) Ch.-V. Langlois, *op. cit.*, p. 356; Bourquelot, *Bibl. de l'Ecole des Chartes*, 6° s., t. III, p. 64.

nière générale tous les princes de la Chrétienté, sans en excepter le pape, avaient été amenés par les Croisades à employer les services des Lombards, Caorsins et autres financiers de cette époque.

Il avait fallu réunir de toutes parts les fonds nécessaires à ces grandes entreprises et les faire parvenir dans les pays, souvent très éloignés, où l'on avait à en faire l'emploi. De là, des opérations financières très importantes qui amenèrent le droit commercial à redoubler d'ingéniosité pour inventer des combinaisons propres à donner satisfaction à ces besoins nouveaux, qui eurent aussi pour résultat de familiariser les souverains aussi bien que leurs conseillers avec des questions et des institutions d'ordre économique auxquelles ils auraient pu rester étrangers pendant plusieurs siècles encore (1).

7. — Ainsi, très nombreux sont les documents relatifs aux envois d'argent qui intéressaient la papauté, soit qu'il s'agît de faire rentrer dans les caisses du Saint Siège le produit des dîmes ou des collectes (2), soit qu'il s'agît de mettre des subsides à la disposition des croisés ou de payer les frais de leur transport en Terre Sainte (3).

(1) Cpr. Lavoix, *Les banquiers aux croisades* (*Journal des économistes*, t. XLIII, 1876, p. 263) ; Goldschmidt, p. 410 et 421. D'après M. Grasshoff, *Das Wechselrecht der Araber*, Berlin, 1900, une autre conséquence des croisades aurait été l'introduction en Europe de la lettre de change dont les Arabes se seraient servis longtemps avant son apparition parmi les populations chrétiennes (Cpr. Huvelin. *Ann. dr. comm*, 1901, p. 20). Mais cette thèse très ingénieuse et très habilement présentée repose principalement sur des arguments d'ordre philologique assez discutables. Du reste, il n'y aurait rien d'étonnant à ce que le droit du change eût été influencé par des pratiques en vigueur dans les pays du Levant.

(2) Cpr. Samaran et Mollat, *La fiscalité pontificale en France au XIV° siècle*, Paris, 1905, p. 147, 148, 149, 225, 226, et les renseignements donnés par Schaube (*Z. für das g. H. R.*, t. XLIII. p. 2 et s.) sur les opérations de *Ser Ciappelletto* (*Cepperello Diotaiuti*, de Prato), qui représentait en Auvergne pendant les années 1288 et suivantes une maison de commerce et de banque toscane chargée du soin de recouvrer le montant de la dîme et d'en faire parvenir au roi de France la portion que le pape lui en avait abandonnée.

(3) *Epistolæ seculi XIII e regestis pontificum romanorum* (*Monumenta Germ. Hist.* de Pertz), t. I, n° 124, p. 89. Lettre d'Honorius III à l'évêque d'Albano, du 24 juillet 1220 : « Item dedimus Matheo camerario tuo, promittendis *litteris* ducis Venetorum Venetis qui erant apud Damiatam cum galeis, octoginta uncias auri de vicesima... (p. 90) : A fratre Aimaro, domus Templi Parisiensis thesaurario, fecimus per Templarios una vice quinque millia marcarum de vicesima Anglie destinari. Item frater Stephanus, panetarius noster, simi-

De même, saint Louis pour affréter les navires nécessaires à ses expéditions, pour subvenir aux besoins de ses troupes, pour réunir, lors de sa captivité, les 5.500.000 livres (1), somme énorme à cette époque, qui constituèrent le montant de sa rançon, fut amené à conclure de nombreuses transactions qui souvent présentent un caractère nettement commercial. A titre d'exemple, je mentionnerai la correspondance échangée avec le gouvernement de la République de Venise, en 1268, pour régler les conditions du transport des croisés : le doge, après avoir exposé les conditions moyennant lesquelles il consentira à se charger de cette entreprise, ajoute « *si hæc vobis placuerint, facietis prædictam pecuniam D. Duci dari in Venetiis... (2)* ». Les termes ainsi employés donnent bien à supposer que le gouvernement vénitien prévoyait que le paiement stipulé de la sorte s'effectuerait, non point par un envoi effectif d'espèces, mais au moyen de remises opérées par l'intermédiaire de banquiers et de marchands.

Plus intéressants encore sont les documents publiés par M. Servois, en 1858, dans la *Bibliothèque de l'Ecole des Chartes* (3) et fréquemment commentés depuis (4); on y voit le saint roi

liter per Templarios misit de mandato nostro de vicesima Francie sex millia uncias auri, sicut suis nobis litteris intimavit. » — Lettre de Grégoire IX du 13 octobre 1240 (n° 784, p. 686) : « ... de pecunia pro ecclesie collecta subsidio usque ad quantitatem quam idem Gregorius suis tibi duxerit litteris exprimendam, nuntiis januensium *super hoc ejus litteras deferentibus* pro dicto naulo facias assignari... In eumdem modum O. Scti Nicolai in Carcere Tulliano diacono cardinali (légat en Angleterre) ... pecuniam, ... ad domum Templi Parisiensis, solvendam creditoribus *qui super hoc nostras litteras detulerint*, ne pro dilatione solutionis aliquod damnum apostolica sedes incurrat, sine dispendio more transmittas. » — Lettres du même pape, du mois de nov. 1240, relatives au règlement de divers emprunts (n° 787, p. 692). — V. aussi Jordan, *Le Saint-Siège et les banquiers italiens*, dans *Congrès scientifique des catholiques*, Bruxelles, 1894, *Section des sciences historiques*, p. 294.

(1) D'Avenel, *Histoire économique de la propriété, des salaires, etc., depuis l'an 1200 jusqu'en l'an 1800*, t. I, Paris, 1894, p. 93. — Un siècle environ plus tard, la captivité d'un autre roi de France, Jean le Bon, obligeait ses courtisans à se livrer à des opérations de change pour lui faire parvenir les sommes dont il avait besoin. Cpr. Du Cange, *De la rançon de saint Louis* (Léber, *Collection des meilleures dissertations relatives à l'histoire de France*, Paris, 1838, t. XVIII, p. 347; Douët d'Arcq, *Comptes de l'Argenterie des rois de France*, Paris, 1851, p. 195).

(2) Dumont, *Corps diplomatique*, La Haye, 1726, p. 228, col. 2.

(3) IV° série, t. 4, p. 113.

(4) L. Delisle, *Opérations financières des Templiers*, p. 44; Schaube, *An-*

s'efforcer de procurer des ressources aux croisés de Palestine en adressant à certains de leurs chefs des lettres par lesquelles il les autorise à contracter sur place, en son nom, des emprunts dont il s'engage à effectuer le remboursement à Paris, ou bien encore dater du camp devant Carthage une ordonnance par laquelle il cherche à réaliser un emprunt de cent mille livres tournois.

Une pièce de même nature, qui paraît avoir échappé jusqu'à ce jour à l'attention des historiens et des jurisconsultes, et qui, cependant, ne manque pas d'intérêt, est une reconnaissance de dette reproduite dans le Recueil de fac-similés de l'Ecole des Chartes, sous le numéro 54. Par cet écrit, daté du camp devant Césarée et du mois de juillet 1251 (1), Philippe de Toucy, baile de l'Empire de Constantinople, s'engage à restituer au roi Louis IX *ou à son ordre, en France,* une somme de 500 livres tournois qui lui avait été avancée, en vertu d'instructions royales, par Baudouin de Valenciennes avec des deniers appartenant au comte de Toulouse (2).

De cette pièce il convient de rapprocher les nombreuses « lettres » par lesquelles des croisés reconnaissent avoir emprunté des sommes d'argent à des marchands montpellierains ou italiens et engagent au roi, qui s'est porté garant de ces dettes, tous leurs domaines à titre de vif gage dans le cas où les prêteurs, faute d'avoir obtenu leur remboursement aux époques convenues, seraient amenés à recourir contre lui (3). Un document particulièrement intéressant, c'est la lettre mis-

---

fänge der Tratte, Zeitschrift für das Gesammte Handelsrecht, t. XLIII, 1895, p. 31 ; *Handelsgeschichte der römanischen Völker des Mittelmeergebiets bis zum Ende der Kreuzzüge,* Munich, 1906, p. 198, 340, 343, 345, et *Jahrbücher für Nationalökonomie und statistik,* t, 70, p. 603; t. 73, p. 145; Freundt, *op. cit.,* p 39. — De ces lettres de crédit relatives aux croisades il convient de rapprocher celle que l'évêque de Paris, Maurice de Sully, avait rédigée en 1191 au profit d'un chevalier, à son service, qui partait pour la Terre Sainte (Papa d'Amico, *I titoli di credito surrogati della moneta,* Catane, 1886, p. 69).

(1) Elle est également rapportée dans les *Layettes du Trésor des Charles,* t. III, n° 3954.

(2) « Cum excellentissimus dominus meus L. Francorum rex illustris fecerit michi mutuo tradi a Balduino de Valenciennes quingentas libras turonensium de denariis illustris A. Pictavensis et Tholosani comitis, reddendas eidem comiti in Francia... ego... promisi reddendum ipsi domino regi aut nuntio ipsius... »

(3) De Laborde, *Layettes du Trésor des Charles,* Paris, 1875, t. III, n°° 3770, 3771, 3800, 3811, 3821, 3823, 3827, 3879, 3948.

sive écrite de Césarée, le 25 septembre 1251, par saint Louis à sa mère pour l'informer qu'il lui adresse par le même envoi toutes ces reconnaissances de dettes afin qu'elle puisse les rendre à ceux des débiteurs qui se seront acquittés de leurs engagements et qu'ils soient ainsi à l'abri de toute nouvelle poursuite (1).

8. — Si les Croisades fournirent ainsi aux souverains du moyen âge l'occasion de traiter des affaires financières importantes, de se préoccuper des moyens d'opérer dans des régions éloignées des encaissements ou des recouvrements, de recourir dans ce but à des procédés qui supposent nécessairement l'emploi d'écrits sur le vu desquels certains versements d'argent avaient à être effectués, il ne faudrait pas croire que l'usage de ces pratiques ait été limité aux besoins de ces expéditions lointaines. On n'a pas manqué de les utiliser toutes les fois que cela a pu paraître convenable et de nombreux documents attestent le développement qu'elles n'ont pas tardé à prendre.

Ainsi, dès le règne de Philippe-Auguste, nous voyons ce prince adresser à la comtesse Blanche de Champagne un écrit qui peut être déjà considéré comme une véritable traite (2).

Quelques années plus tard, les embarras d'argent contre

(1) « Litteras quorumdam baronum et militum quos penes nos habebamus super mutuis sibi factis excellentie vestre mittimus in presenti scrinio cum aliis litteris nostris ut illis qui pecuniam sive mutuum sibi factum persolverint, littere sue reddantur ne possent eis si retinerentur in periculum aut incommodum redundare. » — Parmi les documents de ce genre, il convient aussi de citer le billet, de beaucoup antérieur en date, signé le 3 avril 1191 par Rainaud, comte d'Etampes, au profit de Teobaldo Reversolo, de Gênes (Schaube, *Rechtsgeschäfte und Rechtsstellung der Lombarden in der älteren Zeit ihres Auftretens in Frankreich, Z. für das g. H. R.*, 1908, p. 300).

(2) *Philippus, Dei gratia Francorum Rex, dilecte et fideli sue B. Trecensium comitisse salutem et dilectionem. Mandamus vobis quatinus infra octabas instantis Purificationis beate Marie tradatis fratri Aimardo* (au frère Aymard, de l'Ordre des Templiers) *vel ejus certo nuncio ducentas et quinquaginta libras Pruvinensium pro Chalastra coram Johanne Gelinel, ostiario nostro, latore presentium. Actum apud Anetum, anno Domini M°CC° secundo, mense februario* (L. Delisle, *Opérations financières des Templiers*, p. 95). La pièce publiée à la suite de celle-ci par M. Delisle semble indiquer que cette comtesse de Champagne était mêlée à des opérations financières assez compliquées, car l'évêque de Meaux y fait allusion à un entretien qu'il a eu à son sujet avec ce même frère Aymard « *super societate que facta fuit super monetam inter vos et venerabilem patrem predecessorem nostrum...* »

lesquels l'empire latin de Constantinople eut à lutter, contraignirent Baudouin II et sa femme Marie à contracter des emprunts considérables. Les souverains s'adressèrent principalement à Blanche de Castille, grand'tante de l'impératrice, et à Louis IX (1); leur appel fut entendu, et ce sont, en même temps qu'un témoignage émouvant de la détresse impériale, des documents économiques et juridiques d'un bien vif intérêt que ces lettres, reproduites dans les *Layettes du Trésor des Chartes* (2), par lesquelles les malheureux monarques conjurent la mère de Saint-Louis de faire honneur à leur signature en versant à Escot, Toscan, ou à Renaud de Nioles, ou à Bon de Mons, ou à tel autre prêteur, le montant des sommes qui leur avaient été avancées (3). Les quittances conservées dans le même recueil (4) montrent que la reine de France ne manqua pas de se conformer à la prière qui lui était ainsi adressée.

Le règne de Philippe le Hardi fournit à son tour des exemples de ce qu'il est déjà permis d'appeler de véritables titres de crédit. Tel est celui que M. Ch.-V. Langlois a publié à la page 418 de son livre, désormais classique, sur cette période de notre histoire : « *Philippus. ... Notum facimus quod quecumque persona seu persone mutuo tradiderit seu tradiderint pro nobis sanctissimo patri in Domino Gregorio, Dei gratia summo Pontifici, quinque millia marcarum argenti, nos ei vel eis seu certo eorum mandato presentes litteras una cum patentibus litteris ipsius Pontificis continentibus quod dictam pecunie summam receperit seu recipi fecerit afferenti, pecuniam ipsam*

(1) Elie Berger, *Histoire de Blanche de Castille*, Paris, 1895, pp. 334 à 338.

(2) T. III, n⁰ˢ 3737, 3740, 3741, 3745.

(3) Cpr. Schaube, *Z. f. das ges. Handelsrecht*, t. XLIII, pp. 42 et s.; *Handelsgeschichte...*, p. 270; Freundt, p. 41. — Voici, à titre d'exemple, la teneur d'une de ces lettres : « A la très haute et nostre dame et auntein, ma dame Blanche, par la grace de Dieu roine de France, Marie, par cele meisme grace empereriz de Romanie, salut et commandement, com à nostre très chiere dame. Cum il soit chose que nos eussions autrefoiz prié Vostre Hautesce, que vos feissiez fere paiement à nostre chivalier messire Pierre de Roni, porteor de ces lettres, de CC livres de Parisis, nos vos prions et requerons tant com nos povons, que vos à celui Pierre de Roni, ou à son commandement qui ces lettres vos portera, fetes fere paiement de CC et XLV livres de Parisis, avant ce que vos facez fere paiement à nul des marchanz; que sachiez, dame, quil nos a fet grant bonté don sien prester et avant et après. Et en tesmoignance ceste chose, nos vos envoions ces lettres presentes saelées de notre sael... »

(4) N⁰ˢ 3772, 3773, 3774, 3775.

tradi faciemus Parisius apud Templum infra instantem Assumptionem beate Marie Virginis si super hoc fuerimus requisiti. — Act. apud Rupellam, in festo Resurrectionis dominice, anno ejusdem MCCLXXII. »

9. — La France n'a pas le monopole des actes de ce genre. On en trouve également dans les pays voisins, au moins dans ceux dont l'administration a subi l'empreinte des influences françaises ou normandes. Ainsi dans les Deux-Siciles on voit l'empereur Frédéric II fournir sur ses trésoriers des mandats de payement au profit de ses corps de troupes ou de ses fonctionnaires (1). Cet usage se maintint sous les monarques angevins. Témoin tel mandement du 19 décembre 1277 enjoignant aux trésoriers du château de l'Œuf de remettre à Gauchier Belot, clerc de l'hôtel, les fonds'nécessaires pour payer la solde des troupes royales (2), ou tel autre mandement, malheureusement mutilé, en date du 12 décembre 1298, ainsi conçu : « Challes. A Saduc, notre greffier. Nous te mandons que tu te bailles et délivres..... onces pour les gages de quarante-sept sergans à pié arbalestriers, conté avec eux..... gages, qu'il doit mener aveques li en Sezile au duc de Calabre, à nos services... etc. (3). » Il est également fait mention dans une *apodésie*, — nous dirions une décharge — délivrée par Charles Ier le 19 mars 1278 aux trésoriers du Château de l'Œuf, de « lettres envoiées à eux, pour excellent prince Phelippe, noble empereur de Costantinoble, notre chier gendre... (4). » Ailleurs le même document donne quitus pour un article ainsi conçu : « A Aubert de Sardeigne et à Jehan d'Arras, marcheanz, de l'auctorité de notre mandement donné à Naples le premier jour de celui mois, pour le pris de divers mantiaus de menuz vairs pour noz et notre chiere compeigne... »

___

(1) Huillard-Bréholles, *Historia diplomatica Frederici secundi*, Paris, 1859, t. V, p. 858 ; Freundt, *op. cit.*, pp. 33 et 67.

(2) Durrieu, *Les archives angevines de Naples*, Paris, 1886, t. I, p. 100.

(3) Durrieu, *op. cit.*, pp. 205 et 206.

(4) Et plus loin : « Le dis et neuvième jour du dit mois de décembre... à Robert de Buttaleon, chantre de Tarante, et Robert Chambellant, mesages du dit empereur de Constantinoble, de l'auctorité de nostre mandement donné à Naples le 15e jour du dit mois de décembre, envoié au davant diz tresoriers pour paiier à mesage de celui empereeur, pour ses despans de tout le present an, onces d'or deus mille, de celle quantité pour les despens de celui empereeur des premiers trois mois de celui an... en florins d'or onces cinq cens. »

Des titres de même nature attestent l'existence des mêmes usages dans les deux Bourgognes; comme ils sont peu connus, je reproduis en note les plus intéressants de ceux que j'ai relevés dans l'ouvrage si consciencieux de M. Léon Gauthier sur les Lombards fixés dans cette région de la France (1).

10. — De tous les pays dont les archives ont livré aux érudits des documents semblables à ceux qui viennent d'être mentionnés, l'Angleterre est celui où ils abondent le plus. Depuis assez longtemps déjà les auteurs qui se sont occupés de l'histoire de la lettre de change (2) ont signalé l'existence de titres, extrêmement nombreux, connus sous le nom de *liberate*, par lesquels les rois d'Angleterre avaient coutume

---

(1) *Les Lombards dans les deux Bourgognes*, Paris, 1906. P. 113 : « Jehans de Loheroinne à Erdeçon, lumbart, demorant à Dole, salut. Je te mant et comant que tu paioies et délivroies à Hugue Renaut et à Jehannin, frères, 300 livres de viannois que mes sires lo conte et ma dame la contesse lour doivent de la vendue de lour molin dit de l'Erbe, se de çou je t'en envois ceste letre pandant saelée de mon seel. — Donée et faite l'an de grace corrant par mil dous cenz saxente et quatorze, ou mois de avri. » — P. 118 : « Je, Landuch de Florance, fais savoir à touz que je, lou londi après la seint George l'an mil doux cenz octante et six, ai ahui et recehui per lou comandement monseignour Odon de Fouvanz, en non de Pierre Quaivat, de Bediers, où mes sires li cuens les davoit, 33 livres de tornois... ». P. 143 : « Othes, Cuen d'Arthoys, palatins de Borgoigne et sires de Salins, à nostre bien aimé Colart de Henny, nostre receveur, salut. Nous te mandons que tu bailloies, veues ces lettres, à Landuche de Florence, nostre amé varlet, les trois cent livres de parisis que dit t'avons que tu nous dois baillier. Et nous les te conterons et rabatrons. Données à Arraz, cest Juedi devant la Nativité Notre Dame, l'an MCCC et deus. ». P. 151 : « Mahauz, contesse d'Artois et de Borgoigne, palatine et dame de Salins, à Colart de Haynnin, nostre recevour d'Artois, salut. Nos vos mandons que vos en totes menieres façoit comment Landuche de Florance ait en sa maison, à Paris, le diemenge de la quinzeine de Penthecoste, 200 livres de tornois de noz deniers, et ce ne lassiez en nule meniere quar se il ne les avoit adonc en sa maison à Paris, les 200 livres pourraient coster plus de 300 livres... ». P. 154 : « Mahauz... à nostre amei Reynon le lombart d'Arbois, salut. Comme tu nos deusses delivrer à Paris 2000 livres de tornois de bonne monnoie d'une part et, d'autre part, 200 livres de ladite monnoie, et tu nous aies fait savoir par tes leitres que tu ne nous en pues si tost delivrer comme promis l'avoies... nous te mandons que, ces leitres veues, tu delivroroies pour nous les deniers, ou ce que tu en devras dalivrer, à l'arcedyacre de Vandome. Et de tant con tu lis delivreras, nous nous tenrons per bien paié... » (31 déc. 1307).

(2) Goldschmidt, p. 398; Brunner, *Z. f. das ges. Handelsrecht*, t. XXII, p. 85; Schaube, *ib.*, t. XLIII, p. 30; Freundt, *op. cit.*, p. 28 et 67; Huvelin, *Ann. dr. com.*, 1901, p. 8; Bruschettini, *Trattato dei titoli al portatore*, Turin, 1898, n° 104; Schulte, *op. cit.*, n° 425.

d'ordonnancer les payements à faire avec les deniers de la
Couronne (1).

Mais les registres qui constituent la collection des « Rôles
gascons » contiennent les minutes d'autres titres d'un intérêt
beaucoup plus grand pour l'histoire du droit commercial,
car, au lieu de constituer de simples pièces administratives,
ils ont trait aux rapports de la royauté avec les marchands,
les armateurs ou les banquiers aux services desquels elle
avait à recourir. En outre, ils sont bien plus complets, bien
plus voisins des effets à ordre de l'époque actuelle que les
liberate. En voici un, par exemple, concernant un prêt que le
prince Edouard (2), fils de Henri III, s'était fait consentir au
cours de son expédition en Gascogne, en 1259 (3): « Mandatum
est domino Drogoni de Barentino, senescallo Vasconie, et
receptoribus Burdegale, quod sine dilacione habere faciant
et solvant Petro de la Touller et Martino, fratri ejus, vel
eorum certo nuncio presentes deferenti, quaterviginti libras
sterlingorum quas domino Eduuardo mutuarunt apud Londoniam. Et liberantur isti denarii in garderoba (4). Datum apud
Istleworth, XXVI die novembris, anno regni domini regis
patris nostri XLIV (5). » D'autres fois, et c'est là un cas fréquent, il s'agit de régler le prix d'un achat de vins de France,
comme dans la pièce suivante : « Mandatum est Petro Lof et

(1) En voici un exemple : « Rex thesauriario et camerariis suis, salutem.
Liberate de thesauro nostro dilecto nobis Roberto de Monte Pessulano, spe-
ciario nostro, vel uxori sue, decem marcas pro expensis suis quas idem Ro-
bertus fecit in veniendo ad nos in Wasconiam... (1243). » Extrait des *Rôles
gascons*, transcrits et publiés par Francisque Michel (*Collection des documents
inédits sur l'histoire de France*). Paris, 1885, t. I, p. 223, n° 1670. Cpr. Bémont,
Supplément au tome premier de cet ouvrage, p. XVII. — Il semble que tout
liberate donnait lieu à la rédaction d'un *contrabreve*, avis adressé directement
au personnage qui avait à effectuer le payement sur la présentation du *liberate*
correspondant. Ces *contrabrevia*, dont la forme rappelle celle des chèques
modernes, remplissaient donc un tout autre office.

(2) Il est à noter que ce prince reçut de son père, en 1266, le titre de protec-
teur des marchands étrangers en Angleterre.

(3) *Rôles gascons*, Supplément au t. I, p. LXXXIX, n° 6. Voir aussi les nᵒˢ 7,
8, 9, 18.

(4) La « garde-robe » était le trésor royal (Fr. Michel, *op. cit.*, p. XXIII).

(5) Selon toute apparence, cette pièce est un de ces *contrabrevia* dont il
vient d'être parlé. Mais elle suppose l'existence d'un titre correspondant délivré
aux créanciers.

Remundo de Talezon, receptoribus Burdegale, quod solvant de thesauro domini Burdegale Petro Navarre LI libras XV solidos sterlingorum pro CXX doliis et una pipa vini captis mutuo ab eodem apud Londoniam ad potum domini. Datum apud Londoniam... » (1), ou encore dans celle-ci qui, à la différence de la précédente, est la copie du titre remis aux intéressés eux-mêmes : « Omnibus... Edwardus... Noveritis nos teneri Bertrando de Paleis, civi Tholose et mercatori comitis Pictavie, Bernardo de Boys, civi Tholose, Petro de Pusan, civi Tholose, in trescentis libris et L solidis bonorum et legalium sterlingorum, pro C et X doliis vini ab eisdem per dilectos et fideles nostros dominum Rogerum de Lœiburnia, senescallum nostrum... ad opus nostrum emptis in nundinis Sancti Botulphi, anno gracie M°CC°LX°, quam quidem pecuniam dictis mercatoribus, aut uni eorum, aut eorum certo nuncio sive attornato has litteras deferenti, solvere promittimus et tenemur in quindena S. Michaelis proximo sequenti apud Londoniam scilicet in hospitali de Clerkenwell, sine ulteriore dilacione. Et si contingeret quod dicto loco et termino dictis mercatoribus, ut predictum est, non fuerit integre et plenarie persoluta et dicti mercatores occasione hac dampna aliqua habuerint, volumus nos obligari et satisfacere eisdem tam de dampnis quam de debito principali et eadem dampna sibi plenarie restaurari, prout racionabiliter monstrare poterunt. Datum in nundinis Sancti Botulphi, anno regis domini patris nostri XLIV » (2).

Devenu roi sous le nom d'Edouard Ier, le prince dans l'intérêt duquel ces titres avaient été rédigés fut amené à contracter des obligations de même nature et d'une importance beaucoup plus considérable au cours de la guerre qu'il soutint, de 1293 à 1297, en Gascogne contre Philippe le Bel.

Ainsi on voit, en 1297, le comte de Lincoln, Henry de Sacy, qui le représentait à Bayonne, s'engager, en son nom,

____

(1) *Rôles gascons,* Supplément au t. I, p. xc, n° 11. — Que l'on veuille bien remarquer que ce mandat est tiré de Londres sur Bordeaux. — M. A.-S. Simon, dans son *History of the Wine Trade in England,* Londres, 1906, t. I, p. 113, suppose que le roi d'Angleterre *empruntait* du vin pour le vendre et se procurer ainsi de l'argent.

(2) *Eod. loc.,* p. xci, n° 17.

à faire rembourser en Angleterre « *eidem Reymundo vel ejus attornato presencium portitori...* » une somme qui lui avait été avancée (1).

Une lettre missive adressée au roi par ce même personnage le 8 janvier 1296 offre le plus grand intérêt. Il y expose qu'un bourgeois de Bayonne a consenti à prêter au Trésor royal 80 livres sterlings à la condition qu'elles lui seront rendues en Angleterre huit jours après présentation à l'Echiquier des lettres constatant cette promesse de restitution : « Jean Dangresse, citein de Baione, vous eit presté quatrevinz livres d'esterlings en deners countaunz... pur receivre ces deners en Engleterre dedens les huit jours q'il ou son aturné aura ceste lettre a vostre Escheqer monstree, laquele chose nous ly avons promis en bonne foi... » (2).

Enfin, M. Simon, dans son histoire, si bien documentée, du commerce des vins en Angleterre (p. 145 à 147), mentionne qu'à plusieurs reprises Edouard Ier, harcelé par les réclamations des négociants bordelais ou londoniens qui ne parvenaient pas à se faire payer le prix de ses achats, put leur donner satisfaction en leur remettant des mandats de payement fournis sur divers banquiers lombards (3).

11. — Si, revenant maintenant à l'étude des pratiques suivies à la cour de France, nous considérons celles qui furent en vigueur sous le règne de Philippe le Bel, nous verrons ce prince faire usage, lui aussi, d'écrits émanés de sa Chancellerie pour se procurer de l'argent et opérer des payements. M. Léopold Delisle en a publié quelques-uns (4). Mais une lettre écrite

---

(1) *Rôles gascons*, t. III, p. CLX, note 1.

(2) *Rôles gascons*, t. III, p. CLX, note 2.

(3) En retour des services qu'ils rendaient ainsi à la Couronne, ces banquiers recevaient des privilèges importants (*Rôles gascons*, t. III, n° 1927). V. aussi Grosch, *Geldgeschäfte hansischer Kaufleute mit englischen Königen in 13 und 14 Jahrhundert* (*Archiv. für Culturgeschichte*, t. II, p. 121); Freundt, *op. cit.*, p. 43; Brutails, *Archives de la Chambre des comptes de Navarre*, Paris, 1890, p. XXI et XXII.

(4) *Opérations financières des Templiers*, p. 56, note 6, et p. 226, n° XXXIII. Exemple : « Philippus, Dei gratia Francorum Rex, thesaurariis nostris Templi Parisius, salutem. Mandamus vobis quatinus Johanni de Warren centum octoginta duas libras et decem solidos turonensium, in quibus ei pro suis stipendiis in stabilita sancti Audomari deservitis tenemur, prout in cedula sigillo cantoris Milliaci signata plenius continetur, de denariis nostris, ad instantes

par Charles de Valois, au moment où son frère Philippe s'efforçait de le faire succéder à l'empereur Albert Ier (1), montre bien plus nettement encore quel rôle on s'était déjà habitué à faire jouer aux titres de ce genre. En voici les passages essentiels : « Charles, fuiz de roi de France, cuens de Valois, d'Alençon, de Chartres et d'Anjou, à tous ceux qui verront ces présentes lettres, salut. Savoir faisons à touz que comme notre très chier seigneur Philippe, pour la grâce de Dieu roys de France ait ordené à présent d'envoier au royaume d'Alemaigne certains messages sollempnes, pour l'accroissesement de l'Estat et de lounour d'aucune personne de qui nous avons la promotion si à cuer comme nous poons plus, ou point espécialement d'ateindre et d'avenir à la hautesse d'estre elus au roy d'Alemaigne dont élection se doit faire bien prochainement, à ce pour suivre cette chose, ait... donné en mandement à ses trésoriers de Paris que la somme d'argent que M. Hugues de la Celle son chevalier len requerira *par ses lettres estre délivrée à lui ou son mandement* délivrent au sien ou facent délivrer à celui chevalier ès parties d'Alemaigne *par lettres d'aucun marchéant* pour le fait de ladite élection... » (2).

Je mentionnerai, pour terminer, des lettres patentes datées du 26 mars 1295 par lesquelles Philippe le Bel donnait mandat à Baldo Fini et à Nicolas, dit *Compaingne* (3), « ad petendum exigendum, colligendum, et recipiendum per se vel per alios, pro nobis et nostro nomine, et ad faciendum ad manus nostras venire denarium sive denarios, obolos et pictas sive pogiesias, debite nobis solvendas *pro contractibus emptionis et venditionis quarumlibet mercium sive mercaturarum* et CAMBII, sive de qualibet libra precii earumdem in civitate Nemausi et provincia Narbonensi... » (4).

---

octabas Brandonum solvatis, presentes litteras cum dicta cedula retinentes. Actum Parisius, dicto XIIII januarii, anno Domini M°CCC° quarto. »

(1) Mort assassiné le 1er mai 1308.

(2) Notices et extraits des manuscrits, XX, n° 32; Lavocat, *Procès de l'Ordre du Temple*, Paris, 1888, p. 185.

(3) Compagni?

(4) Martin-Chabot, *Les archives de la Cour des Comptes, aides et finances de Montpellier*, Paris, 1907, p. 160.

II

12. — De l'examen des documents qui viennent d'être passés en revue, il est permis de dégager un certain nombre de conclusions :

1º Au douzième et au treizième siècles le commerce international a pris un développement considérable qui a rendu aussi importants que fréquents les envois d'argent d'un pays dans un autre pays;

2º Ces opérations financières ont engendré ou, tout au moins, accru l'usage d'écrits, affectant souvent la forme de lettres missives, qui permettaient d'effectuer des remises d'argent à distance;

3º L'extension de ces opérations a été facilitée par l'existence des succursales que certaines maisons de commerce ou de banque, généralement italiennes, avaient établies sur toutes les places importantes (1) aussi bien que par les grandes foires à l'occasion desquelles des règlements de comptes intervenaient en grand nombre;

4º Les croisades, par les besoins d'argent qu'elles provoquaient, ont contraint les papes aussi bien que les princes séculiers à entrer en relations avec les commerçants et à employer leurs procédés financiers pour se procurer, au moment et dans les lieux où c'était nécessaire, des sommes souvent très considérables;

5º Ces procédés ont été employés même dans l'administration intérieure des royaumes.

13. — Ici une remarque s'impose. Elle portera sur les caractères par lesquels les écrits, d'un caractère officiel, destinés à faire des payements ou des recouvrements, se différencient des écrits, de la même nature et de la même époque, d'origine commerciale.

D'abord, parmi ceux-ci il n'en est aucun, à ma connaissance du moins, qui mérite vraiment le nom de lettre de

---

(1) L'importance des maisons de banque italiennes et leur ramification à travers toute la Chrétienté peut s'expliquer en grande partie, me semble-t-il, par le concours qu'elles fournissaient au Saint-Siège pour la perception et la transmission de ses revenus.

change. C'est d'une manière tout à fait abusive que de nombreux auteurs ont donné cette qualification à des documents
sur lesquels ils s'appuient pour faire remonter jusqu'au mi-
lieu du douzième siècle les premiers titres de ce genre (1). En
réalité, pour découvrir parmi les pièces publiées une véritable
lettre de change il faut arriver à l'année 1339 (2). Jusque-là
on trouve seulement soit des lettres de crédit, soit des lettres
de foire, qui constatent simplement des engagements d'une
nature particulière (3), soit des billets à la grosse aventure (4), soit encore des billets domiciliés (5) ou même de
simples billets à ordre (6). L'erreur des commentateurs qui

(1) Goldschmidt, *op. cit.*, p. 419 et s.

(2) « Al nome di Dio, amen. Bartalo e compagni, Barna da Lucha e compagni salute. Di Vignone. Paghcrete per questa lettera a di XX di novembre 339
a Landuccio Busdraghi e compagni da Lucha fiorini trecentododici e tre quarti
d'oro per cambio di fiorini trecento d'oro, che questo di della fatta n'avemo da
Tancredi Bonagiunta e compagni, a raxione di III e quarto per C alloro van-
taggio ; e ponete a nostro conto e ragione. Fatta di V d'ottobre 339. — Fran-
cesco Falconetti ci a mandati a paghare per voi a gli Acciainoli scudi CCXXX
d'oro.
             » Bartalo Casini e compagni in Pisa. »

(Bonaini, *Studi inediti della città di Pisa*, 1857, t. III, p. 201 ; Brunner, *Z. für
das g. H. R.*, t. XXII, p. 8 ; Schaube, *Zeitschrift der Savigny-Stiftung, germ.
Abth.*, t. XIV, p. 122 ; Freundt, *op. cit.*, p. 24).

(3) Des Marez, *La lettre de foire au XIII° siècle, Rev. de droit international
et de législ. comparée*, 1899, p. 533, et *Mémoires de l'Académie royale de Belgique*, t. LX ; Huvelin, *N. Rev. hist. du Droit fr. et étr.*, LXXII, 1901 ; Bonolis,
A proposito di alcuni documenti dell' Archivio di Ypres, Florence, 1902 ;
Arcangeli, *Rivista di diritto commerciale*, 1906, p. 358 ; Schaube, *Hg.*, n° 309 ;
de Mas Latrie, *op. cit.*, p. 18.

(4) Cpr. Lattes, *Il diritto commerciale nella legislazione statutaria delle
città italiane*, Milan, 1884, p. 191, n. 17 ; Schaube, *Studien zur Geschichte und
Natur des ältesten Cambium (Jahrbücher für national Oekonomie*, t. 65, 1895,
p. 530) ; Code de commerce, art. 311 et 313.

(5) Goldschmidt, *op. cit.*, p. 417, 419, 420. — Cpr. Locré, *Esprit du Code de
commerce*, Paris, 1811, p. 325 ; Freundt, *op. cit.*, p. 8 ; Schaube, *Z. für das H.
R.*, 1908, p. 289 et 292.

(6) Par exemple la prétendue lettre de change de 1214 publiée par M. de Mas
Latrie dans les *Mélanges historiques*, t. III, p. 5 (Collection des *Documents
inédits de l'histoire de France*). Parmi les documents de ce genre cités par
Blancard, *op. cit.*, il en est un qui mérite d'être signalé à raison des particu-
larités de sa rédaction (t. II, p. 25, n° 409) ; il est daté du 8 avril 1248 : « Ego
Obertus Bagarotus de Placentia confiteor et recognosco tibi Petro Resserio de
Montepessulano me tibi debere CLXV l. melgoriensium quas tibi vanavi pro
Simone Banquerio de Messana, debitore tuo, quas CLXV l. dicte monete pro-
mito tibi per stipulacionem tibi dare et solvere in festo Pentecostes proxime
venturo, promictens tibi per stipulacionem quod ego faciam tibi vanare dictas

ont présenté ces divers écrits comme des lettres de change, tout au moins rudimentaires, tient à deux causes. Les uns ont cru qu'on pouvait leur reconnaître ce caractère par cela seul qu'on y relève la clause à ordre ou quelque autre clause analogue. Les autres ont été entraînés par cette considération qu'il s'agissait de titres se rattachant à l'exécution d'un contrat de change, créés, suivant la formule habituelle, *ex causa cambii vel permutationis* (1). Mais, si pour désigner des titres de ce genre l'expression « lettres de change (2) » eût pu être exacte au moment même de leur création, elle a cessé de leur être applicable à partir du jour où elle a revêtu le sens spécial avec lequel le droit moderne et, en particulier, le Code de commerce, en font usage. La lettre de change actuelle, de même que le chèque, est une « traite », c'est-à-dire un écrit par lequel on s'engage *à faire payer* une somme par un tiers sur qui cet écrit est « tiré. » Elle ne saurait donc être confondue avec les diverses variétés de « billets », un billet étant un écrit par lequel une personne s'engage *à faire ellemême un payement* (3).

CLXXV l. apud Montempessulanum in aliqua tabula campsorum quamcito tu fueris ibi, tibi dandas et solvendas in termino supradicto, restituto tamen michi instrumento presente et omnes expensas et dampnis... » Ainsi, par cet acte passé à Marseille Oberto Bagaroto promet à Ressier (ou Rességuier), non seulement de lui payer la somme pour laquelle il s'est porté caution envers ce dernier, mais encore de lui faire garantir ce payement, dans l'intervalle qui s'écoulera avant l'échéance, par un changeur de Montpellier.

(1) Voyez notamment un grand nombre des lettres de change citées par Blancard au tome II de son ouvrage, et par exemple p. 239 et 241.

(2) Cette expression n'a fait, d'ailleurs, son apparition qu'assez tard, en 1368 seulement d'après Wieland, *Cambium und Wechselbrief,* dans *Festgabe der juristischen Fakultät der Universität Basel zum siebzigsten Geburtstag von Andreas Heusler,* 1904, p. 19, note 68.

(3) Je laisse de côté, à dessein, dans cette discussion, les « lettres de payements », *lettere di pagamento,* dont de nombreux auteurs se sont occupés, mais, à ce qu'il me semble, sans parvenir à éclairer d'une manière suffisante le rôle qu'elles jouaient. A mon avis, la lettre de payement n'était pas autre chose que cette « lettre d'avis » à laquelle aujourd'hui encore les commerçants et les banquiers ne manquent presque jamais de faire allusion dans la rédaction des lettres de change en y insérant les clauses « suivant avis » ou « sans avis », qui, d'ordinaire, n'ont aucune portée et sont simplement le produit d'une routine plusieurs fois séculaire. Il y a effectivement des siècles que cette lettre d'avis, destinée à informer le tiré de l'émission de la traite, est considérée comme une formalité superflue. Un passage de *Don Quichotte* (Ire partie, ch. 25) en fait foi. Au moment où le chevalier de la Manche, retiré dans la Mon-

Ce sont, au contraire, de véritables traites que ces écrits, tels que ceux qui ont été énumérés plus haut (nᵒˢ 8 à 11), tels surtout que le mandement qui motive la présente étude, par lesquels une personne souveraine invitait un détenteur de deniers publics à opérer un versement entre les mains du bénéficiaire de cet écrit.

14. — Mais il est un second caractère à relever dans ces écrits par où ils achèvent de se distinguer des prétendues lettres de change de la même époque, tout en marquant sur elles un progrès incontestable.

La rédaction de ces lettres de change ne présente aucune particularité; leur style ne diffère en rien de celui des missives ordinaires; on y trouve les mêmes formules de politesse; fréquemment elles sont relatives à plusieurs objets différents. Elles constituent donc tout simplement une partie de la correspondance commerciale (1), et c'est là ce que Goldschmidt (2) lui-même et Schaube (3) n'ont pu s'empêcher de reconnaître. Au surplus, il convient de remarquer avec M. le professeur Al. Lattes (4) que plusieurs siècles se sont écoulés entre le moment où la lettre de change a fait sa première

tagne Noire pour y faire pénitence, chargeait d'un message pour Dulcinée du Toboso son fidèle écuyer, celui-ci lui rappela la promesse qu'il lui avait faite de lui donner, pour le dédommager de la perte de son baudet, une lettre de change de trois ânons sur cinq qu'il avait dans sa maison. Sancho reçut alors de son maître la *cedula de cambio de los tres pollinos* que celui-ci adressa à sa nièce dans les termes quelque peu grotesques que voici :

« Mandara Vuestra Merced por esta primera de pollinos, señora sobrina, dar à Sancho Panza, mi escudero, tres de los cinco que dejé en casa y estan a cargo de Vuestra Merced; los cuales tres pollinos se los mando librar y pagar por otros tantos aqui recebidos de contado, que con esta *y con su carta de pago* seran bien dados... » C'est-à-dire : « Veuillez sur cette première d'ânons, ma chère nièce, donner à Sancho Pança, mon écuyer, trois des cinq ânons que j'ai dans ma maison et qui vous sont confiés; lesquels trois ânons je vous invite à livrer et payer en retour d'autant d'autres ici reçus comptant, et par cette lettre et avec leur lettre de payement ils seront bien payés... »

(1) Le moine vénitien Luca Paciolo, dans son traité de la comptabilité en partie double imprimé en 1494, dit que tout bon commerçant doit transcrire sur un livre spécial toutes les lettres importantes telles que *lettres de change*, d'expédition de marchandises cu d'argent, etc., « come sono lettere di cambio, o di robe mandate, o denaro... » (Gitti, *Trattato de' computi e delle scritture di Fra Luca Paciolo*, Turin, 1878, p. 125).

(2) *Op. cit.*, p. 436.

(3) *Z. der Savigny-Stiftung*, 1893, p. 135.

(4) *Op. cit.*, p. 180 et 190.

apparition et celui où des lois sont venues assujettir ce titre nouveau à des formes spéciales; la preuve en est que les statuts de la ville de Plaisance de 1327 s'occupent des conséquences que doit entraîner la demeure du débiteur obligé « pro mercato seu cambio, *cum vel sine cartula.* » La forme que le contrat de change revêtait était donc dénuée d'importance puisque son existence pouvait être prouvée même par témoins.

Des remarques analogues peuvent être formulées à l'égard des lettres adressées par l'impératrice Marie de Constantinople à la reine Blanche de Castille (no 8) (1). Ce sont également des missives dont la contexture n'offre rien de particulier.

Tout autre est l'impression donnée par la lecture des documents que je crois pouvoir appeler des traites royales. Leur style présente ce caractère laconique, précis, nerveux qui frappe dans la rédaction de la lettre de change moderne. Ils contiennent toutes les énonciations nécessaires, mais rien de plus: ce sont bien des titres se suffisant à eux-mêmes et susceptibles, dès lors, de circuler de main en main. Cette propriété leur appartient d'autant plus que, servant sur ce point encore, de modèles au droit commercial, chacun d'eux a un objet unique : la somme à payer (2).

15. — Voici donc une double série de titres appartenant à la même époque et ayant le même objet puisqu'ils se ramènent tous à des délégations consenties par un créancier au profit d'un de ses propres créanciers (3). Seulement les uns

---

(1) Il faut en dire autant des documents cités par Boutaric, *Notices et extraits des manuscrits*, t. XX, 2, p. 140 à 143, par lesquels Philippe le Bel s'efforçait d'emprunter l'argent qui lui était nécessaire pour subvenir aux dépenses de la guerre de Flandre.

(2) Il faut arriver, semble-t-il, jusqu'aux premières années du dix-septième siècle pour trouver le principe de la spécialisation de la lettre de change affirmé dans un ouvrage de doctrine. Bernardo Davanzati, dans sa *Notitia de' cambi* (cité par Goldschmidt, p. 437), décrivant la création de la lettre de change, écrivait : « *Do a voi una brevissima mia lettera...* (Je vous remets une lettre très courte). *Questa si chiama lettera di cambio però che niuna altra cosa contiene che questa cambio* » (On l'appelle lettre de change parce qu'elle ne contient pas autre chose que ce change).

(3) Cpr. Thaller, *Nature juridique du titre de crédit (Annales de droit commercial*, 1906 et 1907).

sont fournis par le droit public tandis que les autres rentrent uniquement dans le domaine du droit commercial, et entre eux éclate cette différence que les premiers ont à l'égard des seconds un caractère de supériorité bien tranché.

Quelle est donc la raison d'être de ce phénomène?

Elle me paraît facile à donner.

Cette rigidité des formes grâce à laquelle la lettre de change permet à son porteur d'être renseigné avec la plus grande exactitude sur les droits qui lui appartiennent, grâce à laquelle il peut exercer ces droits sans être arrêté par d'autres obstacles que l'insolvabilité des débiteurs, grâce à laquelle, par conséquent, il aura un titre susceptible de jouer le rôle de papier-monnaie, de tenir la place de la somme d'argent qui s'y trouve inscrite, de procurer du crédit à la personne qui l'a créé..., la coutume commerciale livrée à elle-même n'aurait pas été capable de l'imaginer et de l'imposer. Pour s'en convaincre, il suffit de prendre en considération la négligence avec laquelle est rédigée d'ordinaire la correspondance des commerçants; la peine qu'ils ont à s'assujettir à l'observation des formalités imposées par la loi à leurs écritures, omettant souvent de garder copie de certaines missives (1), se dispensant de soumettre leurs livres au visa et au paraphe qu'exige le Code de commerce, se contentant même, beaucoup plus fréquemment qu'on ne pourrait le croire, d'une comptabilité tout à fait incomplète et insuffisante (2). Au surplus, alors même que telle ou telle maison de commerce aurait songé à adopter une formule d'une rédaction plus précise, il est probable que cet exemple n'aurait pas trouvé des imitateurs suffisamment nombreux pour donner naissance à un usage admis d'une manière générale. Or, telle était la condition nécessaire pour que la lettre de change, revêtant toujours et

______

(1) Ceci se produit même dans nos grands établissements de crédit malgré leur organisation si puissante et si administrative, malgré les exigences, parfois absurdes, dont leur contentieux fait trop souvent preuve envers le public.

(2) Lyon-Caen et Renault, *Traité de droit commercial*, 4e éd., t. I, n° 288 *bis*; Pigier, *Comptabilité commerciale*, p. 154. — C'est vainement que pour réagir contre cette pratique illégale la loi du 22 avril 1905 a dispensé du droit et de la formalité de l'enregistrement les procès-verbaux de cote et de paraphe des livres de commerce.

partout le même aspect, devînt l'instrument de circulation de valeurs que les siècles suivants ont connu.

16. — Ces considérations permettent en même temps de découvrir pour quelles raisons l'Antiquité, quoiqu'on en ait dit, ne nous offre aucun exemple d'une lettre de change véritable.

Certes de tout temps, à partir du jour où le commerce international s'est développé, il a donné lieu à des opérations de change et ces opérations ont nécessité, à leur tour (1), la rédaction d'écrits qui pussent en faciliter la preuve et l'exécution. Certes dès les époques les plus reculées on peut constater l'existence de conventions qui avaient pour effet de pourvoir une dette de somme d'argent déjà existante d'une action particulièrement rigoureuse; telle était l'ἀργυρίου δίκη (2) à Athènes, l'action *constitutoria* (3) à Rome, ou encore l'action à laquelle il est fait allusion sur un cylindre d'argile assyrien dans lequel M. Bernardakis a cru découvrir une lettre de change (4). Les textes romains nous montrent également que divers contrats, le *receptum argentariorum* (5), le *constitutum debiti alieni* (6), le *mandatum pecuniæ credendæ* (7), permettaient à un débiteur de s'acquitter de ses obligations par voie de délégation; ils révèlent aussi l'existence d'écrits grâce auxquels il était possible de toucher de l'argent dans un lieu autre que celui où ils avaient été rédigés (8). Mais nulle part il n'est ques-

---

(1) Cpr. Papa d'Amico. *La letteralità nelle obbligazioni cambiarie e il suo principio storico ed economico* (*Archivio giur.*, XLVIII, 1892, p. 238).

(2) Sur l'ἀργυρίου δίκη voir la notice consacrée à cette action par MM. P. Gide et Caillemer dans le *Dictionnaire des antiquités grecques et romaines* de Daremberg et Saglio et la traduction des *Plaidoyers civils de Démosthène* par M. R. Dareste, t. II, p. 184.

(3) Girard, *Manuel de droit romain*, 2ᵉ éd., p. 592. — Du reste, comme j'ai déjà eu l'occasion de le dire ailleurs (*Histoire du pacte de constitut*, thèse pour le doctorat, Montpellier, 1889, nᵒ 96). je crois que les textes relatifs au pacte de constitut ont exercé une influence profonde sur la formation de la théorie de la lettre de change.

(4) Bernardakis, *La lettre de change dans l'antiquité. Journal des économistes*, mars 1880, p. 365.

(5) Valéry, *op. cit.*, nᵒ 44, et *Revue générale du droit*, 1893.

(6) Valéry, *op. cit.*, nᵒˢ 28 et 63.

(7) Girard, *op. cit.*, p. 270 et 735; Accarias, *Précis de droit romain*, t. II, nᵒ 639.

(8) L. 16, D., *De st. Mac.*, XIV, 6; L. 59, § 5, D., Mandati, XVII, 1.

tion d'un titre qui puisse procurer du crédit à son auteur ou à son détenteur, qui soit propre à être cédé au gré de ce dernier, qui puisse tenir lieu entre ses mains d'une somme d'argent, qui présente en un mot les divers traits dont l'ensemble donne à la lettre de change sa physionomie particulière (1).

C'est que pour en arriver là il fallait l'intervention de l'Etat, cette intervention grâce à laquelle la monnaie a acquis son pouvoir de circulation en vertu de la garantie donnée aux lingots de métal par l'empreinte officielle attestant leur poids et leur aloi, grâce à laquelle aussi les titres de Bourse ont revêtu les caractères qui en ont fait ce qu'ils sont aujourd'hui (2). Or, dans l'Antiquité, cette intervention ne s'est jamais produite, les occasions nécessaires ne s'étant jamais trouvées réunies.

17. — Au contraire, ces occasions se sont présentées au treizième siècle; il y a eu alors un concours de circonstances dont la combinaison a permis à la lettre de change de faire, enfin, son apparition.

L'une de ces circonstances a été déjà mentionnée plus haut (nos 6 et 7): Les Croisades ont familiarisé les Souverains qui y participaient avec les opérations financières indispensables pour réunir et faire parvenir dans des pays lointains les fonds dont leurs armées avaient besoin.

Mais il s'est trouvé qu'au même moment s'établissait à la Cour des monarques capétiens une organisation administrative déjà savante. Dès le règne de Philippe-Auguste on constate son existence (3), et sous ses successeurs elle ne cessa pas de recevoir des perfectionnements continuels aboutissant à un état de choses que M. le colonel Borrelli de Serres (4) résume en des termes utiles à rapporter : « Les constatations produites par l'administration financière pour un même

---

(1) Pothier en avait fait déjà la remarque dans son traité *du Change*, n° 6. *Sic* Huvelin, dans le *Dictionnaire des antiquités grecques et romaines*, v° *Mercatura*, p. 1759, notes 11 à 15 ; Bruschettini, *Dei titoli al portatore*, Turin, 1898, n° 56.

(2) C'est ce que j'ai montré dans mon étude sur les actions de jouissance (*Revue générale du droit*, 1907, p. 330 et 481).

(3) Borrelli de Serres, *op. cit.*, t. I, p. 11 et s.

(4) *Op. cit.*, I, p. 169. Cpr. Esmein, *H. du dr. français*, p. 469.

exercice ont pour bases de nombreuses pièces auxiliaires,
dont la direction centrale tient au courant les doubles ou les
résumés, des états d'assiette ou d'ordonnancement, des assi-
gnations spéciales, des listes de recouvrements en retard, etc.
Guidés par ces documents dans leurs opérations, les baillis
et sénéchaux en dressent le compte, qui comprend ceux de
leurs subordonnés; ils le produisent à la fin d'un exercice de
quatre ou six mois, ou un an, suivant la circonscription. Le
caissier de l'Hôtel, à l'aide de ses notes personnelles sur cire
et de comptes secondaires des officiers et employés de chaque
service, justifie tous les quatre mois devant le Trésorier du
Temple de l'emploi des fonds qu'il a reçus de lui contre mandats royaux ou qu'il a encaissés directement. Des agents très
nombreux sont à toute époque, lors de la fin de leur mission,
comptables des recettes et dépenses qu'elle a eu pour objet
ou qu'elle a occasionnées, en dehors des affaires réservées aux
fonctionnaires de la hiérarchie financière. Le Trésorier du
Temple, surveillé par un Clerc du roi, a reçu de ces agents et des
sénéchaux les excédents de leurs recettes sur leurs dépenses, et
s'est chargé de leur compte... Le tout est soumis à une revision...
Les Clercs des gens des Comptes les vérifient... Ils sont ensuite
examinés par certains des Maîtres ; enfin, approuvés par eux tous
réunis en sessions périodiques... »

18. — Cette organisation aux rouages assez compliqués a
été peut-être calquée, au moins en partie, sur celle de la Cour
de Rome au sujet de laquelle Michelet (1) a cru pouvoir dire :
« Les finances remplissent tout. Elles sont l'alpha et l'oméga
de l'administration romaine. Au total, c'est l'histoire, moins
du pontificat ou de la souveraineté, que d'une maison de
commerce. » L'expression de *camera*, qui servit de bonne heure
à désigner « un conseil de judicature financière » formé au
service de la *Curia regis*, expression qui rappelle forcément
celle de *Camera apostolica*, nom de la commission de cardinaux
qui, à Rome, avait la haute main sur les questions d'ordre
financier, vient à l'appui de cette conjecture.

Mais il est une influence qui s'est exercée beaucoup plus
sûrement, à mon avis, sur le développement de l'organisation

____

(1) *Histoire de France*, t. VII, p. 349.

financière française. C'est celle des ordres religieux de che-
valerie, l'ordre des chevaliers de Saint-Jean de Jérusalem
et l'ordre des chevaliers du Temple, adonnés l'un et l'autre,
mais le second surtout, à des opérations de banque très importantes.

19. — Ils avaient été amenés là d'une manière toute na-
turelle.

L'usage était, au moyen âge, de déposer les objets précieux, dont on redoutait la perte, dans des couvents. Les
religieux inspiraient confiance aux déposants; le caractère
sacré des abbayes pouvait protéger les dépôts qu'elles ren-
fermaient contre les atteintes des pillards; au surplus, elles
étaient généralement construites de manière à pouvoir af-
fronter bien des attaques (1). A ces garanties les chevaliers
de Rhodes et les Templiers ajoutaient celle de leur organisation militaire qui leur permettait de faire respecter leurs
maisons par tous ceux dont elles auraient pu exciter la
cupidité. De plus, ces maisons étant répandues en très grand
nombre, non seulement dans toutes les parties de la Chrétienté, mais encore jusqu'au fond de l'Asie Mineure (2), leur
existence permettait d'effectuer facilement et sans risques
des envois d'argent dans les régions les plus lointaines.

Aussi, pour ne parler que de l'ordre du Temple, les dépôts
affluaient dans ses caisses et, comme il avait à faire valoir
cet argent, comme il devait aussi rendre à ses clients les
services qu'ils lui demandaient, il fut amené à se livrer aux
opérations financières les plus compliquées. Ainsi que le montrent les documents publiés et mis en œuvre par M. Léopold
Delisle avec sa science habituelle (3), ils opéraient constam-
ment des paiements par voie de virements sur leurs livres,

(1) Luchaire, *Recueils épistolaires de l'abbaye de Saint-Victor*, Paris, 1899,
p. 45 et 105: Arcangeli, *Rivista di diritto commerciale*, 1906, p. 29; Génes-
tal, *Rôle des monastères comme établissements de crédit en Normandie du
XIᵉ au XIIIᵉ siècle*, Paris, 1901; Valery, *Traité de la location des coffres-forts*,
Paris, 1905, n° 1.

(2) L. Delisle, *op. cit.*, p. 2; Ch.-V. Langlois, *Revue des Deux-Mondes*, 1891,
I, p. 385; de Curzon, *La maison du Temple à Paris*, Paris, 1888, p. 248.

(3) *Opérations financières des Templiers.* Il y a de nombreux exemples de
virements dans les passages du *Journal du Trésor du Temple* rapportés
p. 162 et s.

par *tours de compte* (1), suivant l'expression du temps. Ils effectuaient également des versements sur la présentation d'écrits tout à fait comparables à nos chèques modernes (2). Ils faisaient, tant aux particuliers qu'aux souverains, des prêts d'un montant souvent très élevé (3). Ils s'occupaient de la transmission des sommes d'argent à distance (4), rôle qui leur était singulièrement facilité par leur organisation et qui s'accordait, d'ailleurs, avec le but de leur institution, puisque dans des cas fréquents c'était à des pèlerins ou à des croisés qu'ils donnaient ainsi leur concours (5).

20. — Les intérêts de la conquête ou de la défense des lieux saints n'étaient pas, d'ailleurs, le seul mobile de ces opérations financières En réalité, elles ne différaient en rien de celles des établissements de crédit actuels, car les Templiers s'y livraient pour le compte de tout venant (6) et dans un but lucratif, quelle que pût être, d'ailleurs, l'affectation que recevaient les bénéfices ainsi réalisés.

Elles présentaient, toutefois, cette particularité, qui ne se rencontre guère à l'époque actuelle, que cet Ordre a joué pendant plus d'un siècle le rôle d'agent financier de la plupart des gouvernements. Le pape, les rois de France, de Naples, d'Angleterre s'adressaient à lui pour le recouvrement et la garde de leurs revenus aussi bien que pour les verse-

(1) Cette expression paraît avoir servi à désigner toute passation et contre-passation d'écritures tendant à porter une somme du crédit d'un compte à celui d'un autre, ne fût-ce que pour un simple redressement d'écritures ou pour fermer et rouvrir les comptes à la fin d'un exercice. Cpr. Borrelli de Serres, *op. cit.*, t. II, p. 111.

(2) Témoin ces mentions des livres, relatives à des versements opérés par le Temple au préposé à la dépense de l'hôtel du roi (L. Delisle, p. 52) :

« Johannes de Castellario, *per litteram factam* Parisius Jovis ante Cineres (17 fév. 1284), 3.000 l. ad misias Candelosæ præteritæ.

» A Templo per litteram factam die Cinerum (23 février) 3.000 l. per Marcellum, etc. »

V. aussi Le Nain de Tillemont, *Vie de saint Louis*, éditée par J. de Saulle, Paris, 1847, t. II, p. 362; Ch.-V. Langlois, *Philippe le Hardi*, p. 355, n. 3.

(3) L. Delisle, *op. cit.*, p. 14 et s.

(4) L. Delisle, p. 20, 25; Samaran et Mollot, *op. cit.*, p. 149.

(5) Aussi M. Delisle leur donne-t-il avec raison le nom de « banquiers des Croisades » (p. 27 et 31).

(6) Cpr. L. Delisle, *op. cit.*, p. 6, 9, 15, 87.

ments nécessités par les besoins publics ou par leurs dépenses privées (1).

Dans notre pays, en particulier, on peut dire que les Templiers entrèrent au service de l'Etat, — tout en conservant à son égard la plus grande indépendance, — pour régir en son lieu et place les finances publiques.

Il y a là, si je ne m'abuse, un fait qui a eu une portée considérable sur le développement du droit commercial et du droit administratif. Les Templiers avaient institué pour leurs opérations financières une comptabilité des plus savantes; les registres qui nous ont été conservés et que M. Léopold Delisle a publiés en font foi. L'importance de ces opérations, la multiplicité des « maisons » qui y concouraient voulaient qu'il en fût ainsi. Au surplus, il était naturel que ces religieux apportassent à la dirction de leurs affaires temporelles cet esprit de régularité, d'ordre, de méthode, de souci des moindres détails par où se caractérisent les associations monastiques, esprit auquel ils devaient eux-mêmes en grande partie le succès de leurs entreprises. Aussi leurs écritures étaient-elles tenues avec le plus grand soin et d'une manière très claire; chaque article était mentionné à la fois sur plusieurs livres qui se contrôlaient ainsi les uns les autres (2); les pièces sur la présentation desquelles des versements devaient être effectués avaient à réunir des conditions de forme qui pussent garantir leur authenticité; les chevaliers, les dignitaires de l'Ordre eux-mêmes étaient soumis à de nombreuses mesures de surveillance et menacés des peines les plus sévères s'ils s'écartaient, dans la garde ou la disposition des valeurs appartenant à la communauté, des prescriptions que la *Règle* leur imposait (3).

(1) Delisle, *op. cit.*, p. 32, 37, 40) et s.; Boutaric, *La France sous Philippe le Bel*, Paris, 1861, p. 228; Vuitry, *Etudes sur le régime financier de la France avant 1789*, Paris, 1878, p. 495, 497, 502, et nouvelle série, 1883, t. I, 500; Borrelli de Serres, *op. cit.*, t. I, p. 236 et 244; Durrieu, *op. cit.*, t. I, p. 97; Molinier, *Correspondance administrative d'Alfonse de Poitiers*, Paris, 1894-1900, p. LXX.

(2) Il est permis de supposer que ces Ordres religieux mêlés aux affaires de finances et de commerce ont contribué dans une large mesure à l'invention de la comptabilité en partie double que Fra Luca Paciolo décrit déjà dans l'ouvrage cité plus haut (n° 14) avec ses moindres détails.

(3) De Curzon, *La Règle du Temple*, Paris, 1886, art. 81, 82, 83, 89, 111, 250.

21. — Il est donc infiniment vraisemblable que les Templiers ont introduit ces méthodes dans les finances publiques lorsqu'elles leur ont été confiées; ce n'est certes pas une conjecture bien téméraire que de le supposer. Mais, alors même que cette supposition serait erronée, un fait est certain: au treizième siècle et plus particulièrement à dater de la régence de Blanche de Castille, la comptabilité publique avait reçu en France une organisation des plus complètes. Les divers fonctionnaires affectés au maniement des deniers royaux se contrôlaient les uns les autres, sous la surveillance, au sommet de la hiérarchie, de la « Chambre des contes le Roi » qui se détacha peu à peu de la *Curia regis* et qui avait la haute surveillance sur les affaires financières (1). Chaque encaissement et chaque décaissement devait être soigneusement inscrit sur des registres, de même qu'il fallait garder copie de tous les mandats de paiement au moment où ils étaient délivrés et au moment où ils étaient payés (2). Ces mandats devaient faire connaître leur cause et ils devaient être rédigés de manière à fournir la preuve de leur authenticité.

Sur les règles établies à cet égard, deux documents fournissent des renseignements précieux. L'un est le *Dialogus de scaccaric* (3), ouvrage anglo-normand, où l'on peut relever les préceptes suivants : « Thesaurarius et camerarii regis nisi expresso mandato regis vel præsidentis justitiarii susceptam pecuniam non expendunt; oportet, enim, ut habeant auctoritatem rescripti regis de distribuenda pecunia cum ab eis compotus generalis exigetur... »; et puis vient l'indication

(1) Ch.-V. Langlois, *op. cit.*, p. 312; Boutaric, *op. cit.*, p. 225 à 235; Borrelli de Serres, t. I, p. 297, 299, 307, 323; t. II, p. 14; Durrieu, *op. cit.*, t. I, p. 32, 86, 113.

(2) Bémont, *Rôles gascons*, Suppl. au t. I, p. cxviii; Boutaric, p. 225 et s.; Vuitry, I, p. 480; Langlois et Petit, *Essai de restitution des plus anciens mémoriaux de la Chambre des comptes de Paris*, Paris, 1899, p. 112; Martin Chabot, *op. cit.*, p. ii à iv; Teilhard de Chardin, *Registre de Barthélémy de Noces, officier du duc de Berri*, dans *Bibliothèque de l'Ecole des Chartes*, t. LII, 1891, p. 543; Samaran et Mollot, *op. cit.*, p. 147, 148, 226; Ordonnance de Philippe le Long du 3 janvier 1316 touchant le Trésor et les trésoriers dans de Laurière, *Ordonnances des roys de France de la 3ᵉ race*, Paris, 1723, t. I, p. 628.

(3) Freundt, *op. cit.*, p. 31.

des formes que les mandats rédigés suivant ces prescriptions
devaient revêtir. Le second document est peut-être plus cu-
rieux encore; c'est une ordonnance de Charles Ier d'Anjou,
en date du 27 octobre 1277, destinée à régler l'organisation
financière du royaume de Naples (1). J'en détache les prescriptions suivantes : « Toute la monoie que vos recevrés,
vous la garderés leiaument pour nous, dedens le devant dit
chatel, et à nului n'en baillerés ne po ne assez, ne vos n'en
despandrés sans nostre espécial commandement ; lequel
commandement soit fait par nos lettres ouvertes, et les lettres soient faites en ceste meniere : 1º les lettres soient es-
crites en françois (2) et soient scellées de nostre grand seel...
Et se, par aventure, nous vous mandions nous lettres feites
en français et scellées en la manière desusdite, pour donner
ou nous rendre deite que nous deuissions, ou pour envoiier
aleurs qu'à nostre présence, se ne contient en celle lettre
simplement « non obstante » sanz autre chose ajouté, nous
volons que vous n'en faciez rien; mas s'il i a « non obstante »
sanz autre ajouté nous volons que vous le feites si comme
il sera contenu en celles lettres. Et garderés celles lettres et
recevrez apodisse soffisanble de celui ou de ceus à qui vos
baillerez la monoie... »

22. — Ainsi, bien longtemps avant que le droit commercial
eût soumis la lettre de change à aucune discipline, en France,
en Angleterre, dans les Deux Siciles, les écrits fournis sur les
détenteurs de deniers publics pour les inviter à effectuer un
versement étaient assujettis à des conditions de forme rigoureusement déterminées. Ils n'étaient pas rédigés au gré de
leur rédacteur; au contraire, ils devaient être conçus dans
des termes arrêtés à l'avance, suivant une formule dont il
n'y avait pour ainsi dire qu'à remplir les blancs.

Ces mandats de paiement ne sont pas de simples lettres
comme les missives dont il a été question plus haut (nº 13); ce
sont de véritables *titres*, présentant, aussi bien par leur but
que par la rigueur de leur rédaction, une analogie frappante,

____

(1) Durrieu, *op. cit.*, t. I, p. 107.
(2) Cette précaution est intéressante à noter : les fautes de français commises
dans la rédaction d'un mandement pouvaient révéler qu'il était en réalité l'œuvre de quelque faussaire napolitain.

pour ne pas dire une identité absolue, avec la lettre de change moderne.

C'est ce que je vais achever de démontrer en analysant maintenant en détail le document qui sert d'épigraphe à cette étude.

III

23. — Que ce document puisse être une lettre de change, les pages qui précèdent ont eu pour but de le démontrer en mettant en lumière les preuves propres à établir qu'au moment de sa rédaction toutes les conditions nécessaires pour donner naissance à la lettre de change se trouvaient réunies.

Qu'il en soit une, c'est ce que prouvent, comme je vais essayer de le prouver, et ses formes et la destination en vue de laquelle il avait été rédigé.

24. — I. La physionomie de mandement de 1297 rappelle étrangement — j'en ai déjà fait la remarque (nº 1) — celle de la lettre de change moderne. Mais ce n'est pas tout. On y trouve, en outre, toutes les énonciations dont l'article 110 du Code de commerce exige la réunion dans les écrits de cette nature : énonciations concernant les personnes intéressées dans la création du titre; énonciations concernant les circonstances où il a été créé; énonciations concernant les effets qu'il doit entraîner.

25. — A. *Enonciations concernant les personnes intéressées dans la création du titre.* — La plupart des jurisconsultes (1), qui au cours de ces dernières années se sont occupés des origines de la lettre de change, ont émis l'avis que primitivement sa création supposait l'intervention de quatre personnes : le tireur, le tiré, la personne qui se faisait délivrer le titre, celle qui devait en toucher le montant. Sans discuter le bien fondé de cette opinion, qui s'appuie presque exclusivement sur des écrits auxquels on ne saurait guère reconnaître — j'en ai fait l'observation (nᵒˢ 13 et 14) — le caractère de lettres de change, il est certain que le mandement de 1297 met uniquement en

(1) Freundt, *op. cit.*, p. 24; Lattes, *op. cit.*, p. 181, note 15; Schaube, Z. *f. g. Handelsrecht,* t. XLIII, p. 48.

présence les trois personnes : tireur, tiré et bénéficiaire, dont le Code de commerce exige la réunion, mais dont il se contente.

26. — 1° Le *tireur*, c'est le roi de France, *Philippus Dei gratia Francorum rex*. Il s'annonce en ces termes au commencement de la lettre et il ne se fait pas connaître simplement, comme dans les traites actuelles, par sa signature. Mais à la place de la signature du souverain se trouvait son sceau à simple queue, dont le parchemin porte encore la trace, et la signature de l'officier royal qui avait expédié le mandement. Suivant les règles de la chancellerie à cette époque, elle est placée au bas du document, à gauche, et précédée de la préposition *per* (1) : *per Helyam* (2).

27. — 2° Le *bénéficiaire* de la traite est le dizenier Raoul de Saint-Ouen. Mais le mandement ne se borne pas à le faire connaître; elle lui confère aussi, par la clause *aut ejus mandato*, la faculté de faire toucher par une tierce personne de son choix la somme dont il est créancier.

Cette clause extrêmement fréquente au moyen âge sous cette forme ou sous des formes analogues (3) est très intéressante à relever. A mon avis, en effet, il convient d'y voir, sinon la clause à ordre du droit moderne, du moins le prototype de cette clause. Sans entrer dans le détail de la controverse qui règne à ce sujet (4), je me bornerai à indiquer les

(1) Giry, *op. cit.*, p. 761 et 762; Winkelmann, *Sicilische und päpstliche Kanzleiordnungen*, Innsbrück, 1880, p. 16; Durrieu, *op. cit.*, p. 214.

(2) Ce personnage ne serait-il pas ce *magister Helyas dictus d'Orti*, dont le nom revient à plusieurs reprises dans les livres des Templiers (L. Delisle, *op. cit.*, p. 171, n° 45; 192, n° 137; 200, n° 175), et que mentionnent aussi, en l'appelant Hélye d'Orly, des lettres de Louis le Hutin, du 25 sept. 1315, touchant la recherche et la vente du sel (de Laurière, *O. des roys de France*, t. I, p. 606) ?

(3) Ex. : *Vel tuo certo nuncio vel cui mandaveris* (Blancard, t. II, p. 100 et 184); *vobis vel consociis vestris vel cui mandaveritis* (*ih.*, p. 120); *ei vel eis seu certo eorum mandato presentes litteras... afferenti* (Langlois, *op. cit.*, p. 418); *ei vel certo attornato suo presentes litteras deferenti* (*Rôles gascons*, I *bis*, p. LXXIII; III, p. CLX, note 1) : au portor des lettres (Gauthier, *op. cit.*, p. 156); ou a lor commandement (Brunner, *Z. für das ges. H. R.*, t. XXII, p. 52). Cpr. Lattes, p. 149; Grünhut, p. 23 et 33; Goldschmidt, p. 390 et 420; Freundt, p. 54; Schaube, *Iahrbuch...*, 1. 65, p. 156, et *Z. f. H. R*, t. 48, p. 48; Huvelin, *Ann. de dr. comm.* 1898, 377, et *Foires*, p. 553. Un acte gascon de 1237, rapporté par M. Prou, *Manuel*, p. 120, contient à deux reprises la formule *e asson ordeinh*; reste à savoir quelle en était la portée (Cp. Brunner, *N. R.*, *hist.*, 1886, p. 164 et 165).

(4) Cf. sur cette question les articles classiques de Brunner, *Zeitschrift für*

deux arguments qui me décident à adopter cette manière de
voir : 1° Il résulte de documents nombreux qu'au treizième
siècle la transmission des créances et plus particulièrement
celle des titres présentant les caractères de celui que j'étudie
était très usitée. Ainsi M. Schaube a pu, dans la seconde partie
de sa dissertation sur les lettres de change de saint Louis, mentionner des négociations auxquelles elles donnèrent lieu sur
la place de Gênes (1). Ainsi encore M. Ch. V. Langlois cite
dans son histoire de Philippe le Hardi (2) un texte qui paraît
bien faire allusion à une négociation d'effets. Enfin, M. Borrelli de Serres (3) a pu dire des cédules tirées sur le Trésor
royal pour le montant des dépenses publiques qu'elles étaient
l'objet, « surtout celles pour soldes de guerre, d'un vrai
commerce; les banquiers, les juifs, les chefs militaires même,
ayant plus de facilités pour en tirer parti, les achetaient au
rabais, ce qui a parfois motivé des poursuites ». 2° La clause
aut ejus mandato et les autres clauses analogues rendaient
ces négociations faciles. Non pas assurément qu'elles aient
été imaginées à cet effet. Sans doute elles eurent simplement
pour but, à l'origine, de permettre au créancier de se faire
payer plus aisément. Mais, une fois créées, elles fournirent
un moyen commode de réaliser l'aliénation des créances. Il

das *ges. Handelsrecht*, t. XXII, 1877, p. 1; XXIII, p. 225, et *Nouv. Revue historique du droit fr. et étr.*, t. X, 1886, p. 1 et 139; Debray, *La clause à ordre*,
Paris, 1896; Schaube, *Iahrbuch* de Conrad, t. 73, p. 145; Goldschmidt, p. 393
et 448; Kohler, *Z. f. H. R.*, 1907, p. 361; Brandileone, *Rivista di diritto commerciale*, 1903, p. 375; Schupfer, *Rivista italiana per le scienze giuridiche*,
XLII, 175.

(1) *Die Königsbriefe auf dem Geldmarkte zu Genua*, dans les *Iahrbücher für
Nationalökonomie und Statistik*, t. 73, p. 145. — V. aussi Goldschmidt, p. 407.

(2) P. 356. Philippe écrit au gouverneur de Navarre, en 1284 : « Litteras nostras quas tradidistis ipsis Judeis de pecunia quam nobis mutuaverunt et quas
postmodum recuperastis, ipsa pecunia non soluta, restituatis eisdem ut loco et
tempore illis litteris possint se juvare. »

(3) *Op. cit.*, t. II, p. 102. M. de Serres a eu l'obligeance extrême de vouloir
bien transcrire à mon intention l'une des pièces sur lesquelles il a appuyé
cette assertion. C'est une enquête tenue en 1321 au cours de laquelle plusieurs
hommes d'armes viennent se plaindre des manœuvres par lesquelles Messire
Regnaut Cliquet, intendant au gouvernement des maisons du Temple, leur
avait acheté à des prix dérisoires leurs créances sur le trésor public pour leur
solde. D'autres témoins viennent déclarer qu'il est à Armentières « devant la
maison de l'évesque de Laon, un courratier que on appelle Ogier de Forche-
ville qui en a faict vendre, depuis deux ans, plus de quatre mille livres. »

suffit pour cela aux praticiens du moyen âge de s'inspirer du droit romain. La *procuratio in rem suam* leur montrait que pour transmettre un droit de ce genre il n'y aurait qu'à donner mandat au cessionnaire d'en percevoir le montant en le dispensant de l'obligation de rendre compte.

L'usage si fréquent des clauses de cette nature rend cette conjecture extrêmement probable, car on n'aurait certes pas songé à les insérer aussi souvent dans les actes si on n'avait pas eu l'intention de fournir par là au porteur d'un titre le moyen d'en disposer au profit d'un tiers. Seulement, à la différence de ce qui a lieu actuellement, il ne paraît pas que la transmission se soit opérée par voie d'endossement (1); elle donnait lieu à un acte de procuration spécial. En outre, il semble que le cessionnaire n'avait pas le droit de transmettre à son tour le titre; peut-être, s'il en était réellement ainsi, faut-il attribuer l'existence de cette règle à l'influence de la Constitution d'Alexandre Sévère (L. 8, C., *de procuratoribus*, II, 13), où il est dit : « Quod quis sibi debitum exigere tibi mandavit..., tu alii petendum mandare non potes (2). »

28. — 3° Au sujet de l'indication du *tiré*, il n'y aurait aucune remarque à faire si le mandement n'était pas adressé à la fois au bailli de Caux et, au besoin, à la personne qui le remplacera, *ballivo Caleti vel ejus locum tenenti*. Cette formule est intéressante en ce qu'elle correspond, dans une certaine mesure, à la clause de nos traites modernes par laquelle il est indiqué parfois à côté du nom du tiré celui d'un *recommandataire* ou *besoin*.

Il convient de noter aussi que très souvent au treizième siècle la personne à laquelle la lettre était adressée, au lieu d'en effectuer le payement elle-même, se bornait à renvoyer le porteur à un tiers par qui il avait à se faire payer, et que l'indication de ce tiers était faite en général sur le titre lui-même, comme c'est le cas aujourd'hui pour l'indication d'un

---

(1) Brunner, *N. Revue historique*, 1886, p. 47 et 174, cite ce passage très important des *Coutumes notoires du Châtelet de Paris*, art. 27 : « Portator litterarum succumbens in diffinitiva ipsemet debet condemnari illius quem conveniebat, et habebit ipse portator recursum contra illos pro quibus agebat. Item portator litterarum reputatur creditor et intentat actionem et petit expensas. »

(2) Cpr. Brunner, *N. R. H.*, 1886, p. 46.

domiciliataire. Même c'était souvent sous la forme d'une sorte d'endossement (1).

29. — B. *Enonciations concernant les circonstances dans lesquelles le titre a été créé*. — L'indication du *lieu* et de la *date* de la rédaction de la lettre : *actum Parisius die lune ante candelosam...* ne mérite aucune observation. Il est, au contraire, une autre mention de l'écrit qu'il convient de relever : Fidèle à une tradition séculaire, le Code de commerce exige que la lettre de change énonce « la *valeur fournie* en espèces, en marchandises, en compte, ou de toute autre manière ». Cette condition est déjà remplie dans notre traite; elle a été délivrée pour le montant de la solde qui restait due à son bénéficiaire et pour le prix d'un cheval. Dans un document de ce genre, il était naturel qu'il en fût ainsi. Le contrôle exercé sur l'administration des finances royales n'aurait pas pu s'exercer utilement si chaque mandat de payement n'avait pas fait connaître la raison de sa création. C'était, d'ailleurs, une règle généralement suivie à cette époque que de mentionner dans les actes d'obligation la cause de la dette. Nous possédons à cet égard un témoignage précieux, celui de Beaumanoir, témoignage d'autant plus précieux qu'il émane d'un jurisconsulte que Philippe le Bel investit à plusieurs reprises des fonctions de bailli. Dans ses *Coutumes de Beauvoisis*, ch. XXXV, n° 22, il s'exprime ainsi : « La letre qui dist que je dois deniers et ne fet pas mention de quoi je les dois, est soupechonneuse coze de malice... Donques, doit-on dire en la lettre de quoi le dete est. »

Si, comme je m'efforce de l'établir, les formes de la lettre de change ont été réellement calquées sur celles des mandats de payement du droit public, il suivrait de ceci que la mention de la valeur fournie s'y serait introduite tout naturellement; ce ne serait donc qu'après coup qu'on aurait attribué comme raison d'être à cette clause la nécessité de distinguer les traites sérieuses des écrits destinés à masquer des prêts plus ou moins usuraires (2).

---

(1) Cpr. Goldschmidt, p. 400, 421; L. Delisle, p. 223 : « Capiatis super regem illas. M libras quas dominus rex habuit ex mutuo per J. de Malla, ... » (Mention portée le 4 janv. 1299 au dos d'une cédule du 7 janv. 1296).

(2) Cpr. Wieland, *op. cit.*, p. 20; Schaube, *Iahrbuch* de Conrad, t. 70,

30. — C. *Enonciations concernant les effets du titre.* — Le *montant de la somme* à payer est indiqué de la manière la plus précise. Il en est de même du *lieu* et de l'*époque* où le payement devra être exigé. A ce sujet, je remarquerai simplement que dès ce moment on paraît avoir attribué un effet rigoureux à la fixation d'une échéance pour l'exécution d'un titre. Beaumanoir (ch. XXXV, n⁰ 8) dit effectivement d'un débiteur qui opposait une exception de compensation aux poursuites d'un créancier : « Cil ne savoit pas le coustume qui estoit cbligiés par ses letres à paier un nombre d'argent à certain terme... »; et cette coutume, il la formule ainsi : « Nus n'est à oïr en alliguier paiement devant le tans que le coze fut conveniencé à rendre. »

Enfin, il est prescrit au tiré de se faire remettre la traite une fois qu'il l'aura payée et de la garder pour faire la preuve de sa libération, « *volumus... penes vos presentes litteras remanere.* » C'était là une pratique courante et qui, d'après M. Brunner (1), remonte à la période franque. -

31. — D'autres clauses auraient pu figurer dans la pièce dont je m'occupe, car elles étaient usitées à l'époque où elle fut rédigée; mais les circonstances spéciales qui motivèrent sa création expliquent leur absence.

Ainsi il est naturel qu'il n'y soit fait aucune allusion aux conséquences d'un refus de payement. De nombreux titres du treizième siècle prévoient, au contraire, cette hypothèse, le tireur prenant l'engagement, soit de payer une indemnité au porteur de la lettre en sus du montant de la somme à rembourser si elle n'a pas été régulièrement payée à l'échéance, soit de lui affecter, en pareil cas, à titre de garantie, tous ses biens ou certains d'entre eux (2).

---

p. 610; Huvelin, *Annales de dr. comm.*, 1901, p. 10; Freundt, p. 66 et 70; Lattes, p. 183, note 20; Goldschmidt, p. 405.

(1) *N. R. hist.*, 1886, p. 178 — Cpr. ci-dessus n⁰ 7 *in fine*, ainsi que les quittances qui figurent aux *Layettes du Trésor des Charles* sous les n⁰ˢ 3772, 3773, 3774, 3775; le recueil des *Rôles gascons*, t. I, n⁰ˢ 1688, 1693, etc.; Durrieu, *op. cit.*, p. 100.

(2) *Rôles gascons*, t. I, n⁰ 2542; *Suppl.* au t. I. p. LXXIII, n⁰ 14; Goldschmidt, p. 402 et 420; Schaube, *Iahrbuch de Conrad.* p. 156; *et Z. f. das H. R.*, t. XLIII, p. 47; *Layettes du Trésor des Charles, loc. cit.*

On sait aussi que M. de Mas Latrie (1) a publié des actes de protêt, dont l'un porte la date du 14 novembre 1385, qui semblent indiquer par la précision de leur rédaction que cette procédure particulière devait être en usage depuis assez long-temps déjà.

32. — Que pour se mettre à l'abri des risques d'un non-payement le porteur pût exiger l'intervention d'un ou de plusieurs tiers qui se portaient garants du tiré ou du tireur, c'est là ce que des documents assez nombreux permettent de supposer sans témérité (2).

Même l'existence de ces clauses d'*aval* est le principal ar-gument invoqué par M. Grasshoff (3) à l'appui de la théorie si ingénieuse qu'il a proposée, et que M. Huvelin (4) paraît enclin à admettre, d'après laquelle la lettre de change tirerait son origine du droit arabe. Effectivement, cette théorie a pour point de départ la supposition que le mot « aval » viendrait de l'expression « havvâla » qui s'applique à l'acte par lequel une personne est constituée débitrice d'une autre au lieu et place d'un précédent débiteur, en d'autres termes à une délégation.

Mais cette conjecture se heurte à cette objection qu'il est possible d'expliquer l'étymologie du mot en question beau-coup plus simplement, soit en considérant que « aval » si-gnifiait jadis, et signifie encore en languedocien comme en provençal, *en bas* (5), et que ce mot a donc pu servir à dési-gner une mention ordinairement placée *au bas* d'une lettre de change, soit en observant que certains documents font usage, pour désigner des contrats bien garantis, du participe latin *vallatus* qui exprime bien l'idée d'une sauvegarde contre le danger de l'insolvabilité du débiteur (6).

---

(1) Dans les *Documents inédits sur l'histoire de France, Mélanges histori-ques*, t. III, p. 6 à 10.

(2) Schaube, *Iahrbuch* de Conrad, t. 65, p. 156; Blancard, *Bibl. de l'Ecole des Chartes*, t. XXXIX, 1878 (p. 11 du tirage à part).

(3) *Das Wechselrecht der Araber*, Berlin, 1900.

(4) *Annales de droit commercial*, 1901, p. 21.

(5) *Règle du Temple*, n° 82 : « Li Maistres puet doner... a un prodome ami de la maison... une coupe d'or ou d'argent... ou autres beaux joiaux de C be-sanz *en aval* (c'est-à-dire et au-dessous). »

(6) Convention passée au nom de Philippe de Valois entre Paul Giraud de

33. — Enfin, si l'on ne rencontre pas dans les traites de cette époque des traces d'une acceptation proprement dite, du moins est-il permis de dire qu'elle se produisait en quelque sorte avant la lettre. Il arrivait, en effet, fréquemment qu'un personnage, désireux de contracter un emprunt dont le montant devait être versé entre les mains d'une tierce personne, rédigeât un écrit par lequel il s'engageait à rembourser les sommes, qui seraient avancées au tiers ainsi désigné, sur le vu des mandats de payement dressés par ce dernier au profit du prêteur et à la condition, bien entendu, que ces sommes ne dépassassent pas un certain maximum. Par ces sortes de lettres de crédit le tiré acceptait donc à l'avance les traites qui seraient fournies sur lui dans les conditions prévues (1).

34. — II. Si par sa rédaction et par ses énonciations le mandement de Philippe le Bel au bailli de Caux présente une analogie frappante, pour ne pas dire une similitude absolue, avec la lettre de change, cette ressemblance s'accentue encore si l'on examine cet écrit au point de vue des usages auxquels il pouvait se prêter.

Qu'est-ce qu'une lettre de change? Un écrit par lequel une personne s'engage à faire payer une somme d'argent à une autre personne ou à l'ordre de celle-ci par un tiers qui lui est désigné. Or, il est clair que le document qui fait l'objet de cette étude répond tout à fait à cette définition.

Mais ce n'est pas tout.

Dans quel but crée-t-on aujourd'hui une lettre de change?

C'est un moyen pour un créancier de toucher le montant d'une créance, spécialement lorsque le débiteur ne se trouve pas sur place, et c'est aussi un moyen pour lui d'échanger immédiatement cette créance contre la somme qui en constitue le montant. C'est aussi pour le porteur quelconque d'un écrit de ce genre un procédé commode pour opérer un paye-

Vienne et des armateurs de Marseille pour le nolis de galères (1335) : « Promiserunt et convenerunt per pactum sollempni stipulatione *vallatum*... » Plus loin, l'un des contractants oblige ses biens « *cum instrumento* pactionis bene *vallato* conssentationibus stipulationibus remunerationibus perssonarum, » Jal, *Archéologie navale*, Paris, 1839, t. II, p. 329, 330, 331.

(1) Langlois, *op. cit.*, p. 418, I; Schaube, *Z. für H. R.*, t. XLIII, p. 30, 31, 38, 39 (Voir ci-dessus, n° 8 *in fine*; n° 11).

ment qui doit être fait au loin ou pour pouvoir se procurer au cours de ses déplacements les fonds qui peuvent lui être nécessaires.

Or, les mandements du genre de celui qui vient d'être étudié pouvaient rendre identiquement les mêmes services. Le Trésor s'en servait pour opérer la rentrée des sommes que ses divers agents répandus dans toute l'étendue du Royaume avaient perçues et détenaient en son nom, et il s'en servait aussi pour payer les dettes qu'il avait à acquitter.

Par là, ces titres jouaient, comme la lettre de change moderne, le rôle d'instruments de crédit, car ils permettaient au Trésor de donner une satisfaction immédiate à ses créanciers, qui pouvaient s'en contenter puisqu'à leur tour ils pouvaient s'en servir, soit pour éteindre leurs propres dettes, soit pour les échanger contre de l'argent comptant.

35. — Reste à expliquer comment, si la conjecture que je viens d'émettre est fondée, le droit commercial peut avoir été amené à adopter ce genre d'écrits imaginé par le droit public.

L'explication me paraît aisée. N'est-il pas naturel, en effet, que les commerçants aient été frappés des avantages que présentait la rédaction des mandements royaux? Leur formule brève, nette, extrêmement précise indiquait tout ce ce qu'il y avait intérêt à savoir, sans rien de plus. Il y avait là un modèle dont l'imitation s'imposait, car il était facile de comprendre que des écrits ainsi rédigés devaient se prêter commodément à toute sorte de négociations. Surtout dans ces grandes réunions commerciales qu'étaient les foires, où les transactions étaient si nombreuses, où les moments dont on disposait étaient mesurés, il était précieux d'employer des écrits d'une rédaction rapide qui expliquât clairement et au premier coup d'œil leur portée, et d'une circulation commode, puisque l'objet de chacun d'eux était nettement précisé et limité à une somme d'argent.

Une circonstance spéciale doit avoir contribué sans doute à la diffusion de la formule administrative. Souvent, comme on l'a vu, des négociants ou des banquiers avaient des créances sur le Trésor public, et ceci se produisait, non seulement en France, mais dans les Etats voisins; souvent aussi ils touchaient le montant de ces créances, soit en recevant des mandats de payement, soit en en rédigeant eux-mêmes. Mais dans les deux cas il fallait que ces mandats réunissent les conditions de forme exigées par les règles de la comptabilité, notamment l'indication de la cause de la créance. Il est donc légitime de supposer que l'habitude s'est ainsi établie de rédiger tous les écrits de ce genre, alors même qu'ils intéressaient uniquement des particuliers, conformément à la formule requise dans les rapports avec les caisses royales, et que l'on ait été conduit par là à considérer comme irrégulière toute traite qui ne répondrait pas au type ainsi adopté...

Ne subsisterait-il pas dans le Code de commerce un vestige de ces origines administratives de la lettre de change dans les articles 634 et 638 qui attribuent le caractère commercial aux billets souscrits par les receveurs, payeurs, percepteurs ou autres comptables de deniers publics?

OUVRAGES DU MÊME AUTEUR

Traité des contrats par correspondance (*Ouvrage couronné par l'Académie des Sciences morales et politiques*). Paris, Fontemoing, 1895.. 8 fr. 50

Traité du louage des meubles. Paris, Rousseau, 1895. .... 2 fr. »

Histoire du contrat d'assurance au moyen âge (traduction de l'ouvrage italien d'Enrico Bensa). Paris, Fontemoing, 1897....... 3 fr. 50

L'Exterritorialité des lois et les Etats à formation complexe. Bruxelles, 1897... 1 fr. 75

Les Assurances sur la vie en droit international (en collaboration avec MM. Guido Bonolis et Joseph Lefort). Paris, Fontemoing, 1902... 6 fr. »

Maison de commerce et fonds de commerce. Paris, Rousseau, 1903... 2 fr. 50

Les parts de fondateur. Paris, Fontemoing, 1904............... 1 fr. 50

Traité de la location des coffres-forts. Paris, Fontemoing, 1905. 3 fr. 50

Les actions de jouissance (1er article). Paris, Fontemoing, 1906.. 1 fr. 50

Les actions de jouissance (2e article). Paris, Fontemoing, 1907... 2 fr. »

Le chèque à provision insuffisante. Montpellier, 1906 .... 1 fr. 50

Le pape Alexandre III et le principe de la liberté des mers. Paris, Pedone, 1907.. 1 fr. 50

Les origines de l'assurance sur la vie. Montpellier, Firmin et Montane, 1907... 1 fr. 50

La demande en justice dans les rapports de la France avec les pays étrangers. Paris, Librairie du *Sirey*, 1907........... 2 fr. »

TOULOUSE. — IMP. LAGARDE ET SEBILLE, RUE ROMIGUIÈRES, 2.